나는 부동산 투자가
가장 쉽다

이 책을 소중한

_____님에게 선물합니다.

_____ 드림

내 집, 상가, 토지, 꼬마 월세까지
부동산 투자 입문서

나는 부동산 투자가 가장 쉽다

이지연 지음

위닝북스

PROLOGUE

신혼부터 노후까지, 부동산 투자가 답이다

나는 2008년 미국발 금융위기의 피해자였다. 가지고 있던 것을 다 잃어버렸을 때의 공포는 낭떠러지에서 한 발로 걷는 기분과 같았고, 헤어 나오려 애쓸수록 점점 빠져드는 늪에 잠긴 듯한 시간들이었다. 돈이 없는 삶은 모든 것을 피폐하게 만들었고 인간의 가치마저 끌어내렸다. 그러나 이런 시간들로 인해 가진 것 없고 실패한 사람들의 마음을 알게 되었다.

금융위기의 공포에서 벗어나 다시 부동산 투자를 시작할 때 나에게는 두려움을 이겨 낼 용기가 필요했다. '성공하고 싶다.', '부자가 되고 싶다.', '보란 듯이 살고 싶다.'라는 강렬한 열망은 부동산 투자를 다시 하게 만드는 원동력이 되었다. 나는 아이들을 생각하면서 죽을힘을 다해 일어섰다. 아이들의 미래를 위해서라면 무엇이든 할 수 있었다.

사람들은 누구나 성공을 꿈꾼다. 하지만 성공하기 위해 목표를 정하고 행동하는 사람은 드물다. 그저 어제와 같은 오늘을 살 뿐이다. 그래서는 여유롭고 풍요로운 생활을 하기 힘들다. 나는 그런 사람들에게 부자로 살겠다는 확실한 목표를 정하고 종잣돈을 모아 부동산에 투자하라고 권하고 싶다. 부동산 투자는 직장인에게 제2의 월급인 월세를 받게 하고, 은퇴자에게 돈 걱정 없는 노후를 만들어 줄 수 있다.

부동산처럼 확실한 재테크는 없다. 선택은 각자의 몫이지만 많은 사람들이 우물쭈물하다가 기회를 놓치는 우를 범하지 않기를 바라는 마음으로 이 책을 썼다. 순간의 선택이 평생을 좌우하기 때문이다.

이 책에는 내가 부동산 중개를 하면서 겪었던 사례들을 가능한 한 많이 담으려고 노력했다. 사례 속에 등장하는 인물들의 이름은 모두 가명으로 처리했다.

부동산을 아는 것과 부동산 투자를 하는 것은 하늘과 땅만큼 다르다. 이미 무엇인가에 투자를 하지 않으면 제자리걸음도 못하는 시대다. 투자의 기회가 오면 재빨리 잡아야 한다. 기회는 우리를 오래 기다려 주지 않는다. 그러니 준비하고 기다려야 잡을 수 있다.

나는 부동산 중개인이다 보니 많은 돈을 버는 사람들을 옆에서 접할 수 있었고 그들의 노하우와 생각들을 알 수 있었다. 그들은 확실한 목표와 실행력 그리고 끈기로 부자가 되었다. 또한 부동산 공부도 열심히 한다. 공부도 안 하고 투자도 안 한다면 결코 부자가 될 수 없다. 세상은 그렇게 호락호락하지 않다.

많은 사람들이 부동산 투자를 알고 있고 하고 싶어 하지만 선뜻 도전하지 못한다. 두렵기 때문이다. 가지고 있던 것에서 조금이라도 손해를 볼까 봐 두렵고, 가격이 내려가 팔지 못할까 봐 두렵다. 부정적인 생각만 하는 것이다. 그러나 걱정하지 않아도 된다. 아직도 대한민국 부동산은 싸다. 잘 고른 부동산이야말로 열 아들 부럽지 않은 효자 노릇을 할 것이다. 부동산 투자를 하려면 이 두려움을 이기는 용기를 선택해야 한다. 나는 그들에게 손을 내밀어 이끌어 주고 싶다. 기꺼이 내 등에 올라타 두려움의 벽을 넘으라고 말해 주고 싶다.

나는 현재진행형이다. 오늘도 나를 찾는 많은 고객들을 위해 부동산 컨설팅을 해 주고, 황금알을 낳을 장소로 임장을 다니고, 투자처에서 계약을 한다. 나의 조언으로 성공적인 투자를 한 사람들이 이익을 실현하는 모습을 보면 뿌듯함이 앞선다. 나는 앞으로도 계속 투자의 길잡이로서 나아갈 것이다.

　이 책을 쓰는 동안 도움을 준 감사한 사람들이 많다. 가장 먼저 하나님께 감사를 드리고, 또한 나의 책 쓰기 멘토인 〈한국 책 쓰기 성공학 코칭협회〉의 김태광 대표 코치님과 〈위닝북스〉 권동희 대표님에게 감사와 사랑을 전한다. 언제나 묵묵히 지원해 주는 남편과 영원히 사랑하는 두 아들 남현이와 남호에게도 고맙고 사랑한다는 말을 전하고 싶다. 또한 늘 말없이 챙겨 주는 언니와 친정엄마에게 너무 감사하다. 출산하면서 허리 디스크로 힘들어하는 나를 물심양면 보살펴 주시고, 이제 당신의 몸도 가누기 힘들면서 온통 자식 걱정만 하시는 엄마께 존경과 사랑을 담아 이 책을 바친다.

2018년 3월

이지연

프롤로그 - 4

당신의 투자는 진짜인가?

01 당신의 투자는 진짜인가? — 15
02 월급도 받고 월세도 받는 똑똑한 직장인이 되라 — 21
03 부동산 투자로 3년 안에 벤츠 타기 — 29
04 세계적인 부자도 부동산에 투자한다 — 37
05 부동산 골든타임에 투자하라 — 44
06 소액 경매로 오피스텔 투자하기 — 51
07 부동산 투자 1순위는 소형 아파트다 — 58
08 직장은 당신을 부자로 만들어 주지 않는다 — 65
09 당신의 미래를 책임져 줄 부동산에 투자하라 — 71

CONTENTS | 차례

부동산 공부에 목숨 걸어라

- 01 신혼부터 부동산 투자를 공부하라 — 81
- 02 부동산 공부가 최우선이다 — 86
- 03 목적을 분명히 알고 공부하라 — 93
- 04 부자들은 왜 필사적으로 부동산 공부를 할까? — 99
- 05 상위 1% 부자들의 부동산 투자를 연구하라 — 106
- 06 퇴근 후 부동산 투자 공부가 당신의 미래를 결정한다 — 112
- 07 딱 1년만 부동산 공부에 미쳐라 — 118

수익형 부동산 투자가 답이다

01 왜 수익형이 답일까? — 129
02 은퇴 후에도 월급 받는 임대사업자가 되라 — 135
03 상가주택으로 꿩 먹고 알 먹기 — 140
04 잘 지은 상가주택 열 아들 안 부럽다 — 147
05 5년 안에 꼬마 빌딩 갖기 — 153
06 삶의 질이 달라지는 부동산 투자를 경험하라 — 159
07 불안한 노후 한 방에 해결하는 원룸 빌딩에 투자하라 — 165

소액 투자로 16배 빠르게 부자 되는 법

01 3억 원으로 상가주택 짓기 — 175
02 GTX, SRT를 연구하면 답이 나온다 — 181
03 부동산 투자의 핵심은 타이밍이다 — 186
04 직장인의 터닝 포인트, 부동산 소액 투자가 답이다 — 194
05 공동투자로 빠르게 부자가 되라 — 201

CONTENTS | 차례

06 성공 투자를 원한다면 역발상으로 접근하라 — 206
07 부동산 투자, 아는 만큼 보인다 — 212
08 2년 안에 평생 열매 맺는 머니트리 만들기 — 220

부동산 투자로 후천적 부자가 되라

01 부동산 소액 투자로 후천적 부자가 되라 — 229
02 후천적 부자가 된 사람들과 어울려라 — 236
03 부자가 되려면 부동산 흐름을 파악하라 — 243
04 늦게 시작해서 크게 성공하는 비법 — 250
05 평범한 직장인에서 월세 받는 부자가 되라 — 258
06 부동산 투자로 인생을 바꿀 수 있다 — 264
07 현명한 투자로 여유 있게 살아라 — 269

1

당신의 투자는 진짜인가?

1

당신의 투자는 진짜인가?

'진짜 투자'란 무엇일까? 나는 잘못된 투자로 인한 아픈 상처를 가지고 있다. 어쩌면 아직도 끝나지 않았을지 모르는, 생각하기도 싫은 상처투성이 투자였다. 하지만 나이가 어려 경험이 많지 않았기에 겪을 수밖에 없었다고, 지금의 내가 있기까지의 과정이고 공부였다고 스스로를 위로하고 다독였다. 실제로 그런 실패가 있었기에 지금의 성공한 내가 있다고 생각한다. 투자 전문가들은 누구나 실패의 경험이 있다. 그 실패를 지나야 성공이라는 열매를 맺을 수 있기에 실패조차 진짜 투자다.

결혼하고 2년쯤 지나자 남편은 직장을 그만두고 싶어 했다.
"나는 직장생활 체질이 아니야. 그놈들은 아무것도 모르면서 큰소리만 땅땅 치고 말야, 에이씨!"

남편은 직장에서 받은 스트레스를 퇴근 후 집에 돌아와 풀곤 했다. 나는 연년생인 두 아들을 생각해 차마 직장을 그만두라는 말은 못했지만, 속으로는 남편이 사업을 해서 돈을 많이 벌면 좋겠다고 생각했다. 남편은 결국 사업을 하겠다고 선언하면서 충북 음성으로 내려가자고 했다. 남편 친구가 사업을 하고 있던 곳이었다. 그때까지 한 번도 서울을 떠나 본 적이 없던 나는 지방으로 이사 가는 것이 너무 싫었다. 6개월 간 주말부부로 생활하다가 가족은 함께해야 한다는 생각에 결국 충주로 이사를 갔다. 서울에 있던 집을 처분하고 얼마간의 돈이 생기니 뭔가 투자를 하고 싶어졌다.

그때 동대문에 있던 선린상고 자리에 커다란 상업 시설이 들어온다며 투자자 모집이 있었다. 위치가 좋아 투자해도 좋겠다는 생각은 했지만 실천에 옮기지는 못했다. 얼마 후 그 자리에 두산타워가 오픈했다. 1.2평짜리 작은 가게가 수도 없이 들어섰고 권리금이 엄청 올라 억대가 넘는다고 했다. 나는 투자하지 못한 것을 후회했다. 그리고 얼마 후 신문에서 그곳에서 멀지 않은 곳에 한약 재료 상가를 분양한다는 광고를 보게 되었다.

나는 두산타워에 투자하지 못한 아쉬움을 이 상가 빌딩에서 보상받고 싶었다. 전화로 문의하니 분양팀 직원은 몇 개 남지 않아 빨리 계약금을 넣어야 한다며 보챘다. 나는 충주에 있던 터라 서울 제기동까지 거리가 멀기도 했고 아이가 둘이나 있어 집을 비우고 현장까지 가기가 힘들었다. 또, 경동시장을 자주 가 봤기 때문에 잘 안다고 생각해 현장도 가 보지 않고 계약금을 넣었다. 중도금은 은행에서 대출을 받아 냈다. 두산타워 때처럼 기회를 놓칠까 봐 서두른 것도 없지 않았다.

분양팀에서는 건물이 준공만 되면 경동시장 상인들이 다 들어오기로 했다고 말했다. 한약상들이 그 빌딩에 들어오고 한약을 사려는 국내외 손님들과 지방의 한약 관련 상인들이 매일 와서 정신없이 바쁜 빌딩이 된다는 말에 현혹되었다. 나는 꿈에 부풀었다.

그러나 준공을 마쳤을 때는 처음 계약할 때와는 모든 것이 달라져 있었다. 시행사는 수분양자에게 불리하게 설계 변경을 해서 준공을 냈고 경동시장 한약방 상인들은 한 사람도 들어오지 않았다. 어느 날 한 한약방에 들러 그 상가 빌딩에 들어갈 생각이 있느냐고 물었더니 "거길 왜 들어가요. 거기 들어갈 사람 아무도 없어요."라고 하는 것이었다. 준공 나기 전부터 조짐은 있었지만 사실 무서워서 더 못 물어 봤는데 확실한 답을 들으니 다리에 힘이 빠지면서 길고 긴 고행이 예상되었다.

시공사는 설계 변경을 책임지고 은행에 이자를 갚겠다고 해 놓고 갚지 않았다. 그 책임은 대출자서(채무자가 대출서류를 작성하고 서명하는 일)를 한 수분양자에게 돌아갔다. 알고 보니 시행사는 이런 일로 몇 번이나 고소고발을 당한 상태였다. 계약금을 포기하고 손을 떼고 싶었지만 중도금 대출이 문제였다. 시행사와 수분양자 200여 명의 싸움은 결국 재판으로 넘어갔고 어느새 6~7년이 훌쩍 지나갔다. 은행에서는 모든 것을 알고 있으면서 시행사와 수분양자를 협박하며 급기야는 우리 집에 가압류를 넣었다. 그로 인해 전세도 놓을 수 없게 되고 대출도 받지 못하게 되는 등 권리 행세를 전혀 할 수 없었다. 수분양자들은 금융위원회와 청와대까지 탄원서를 쓰는 등 할 수 있는 모든 것을 했지만 힘이 약했다. 나는 그때 대출자서, 즉 문서에 내 사인이 들어간다는 것이 얼마나 엄청난 일인지 알게 되었다.

무엇보다 억울한 것은 그동안 지켜온 내 신용이 밑바닥까지 추락했다는 것이었다. 신용불량자는 아니지만 그 위 단계로, 다른 사람들이 알까 봐 조마조마했다. 부동산 중개인의 은행 신용이 바닥이라고 하면 누가 믿고 투자를 하겠는가? 나는 견딜 수가 없어 다른 피해자들과 함께 은행 본점 앞에서 데모도 해 봤지만 현실의 냉정함만 느꼈다. 정말 미쳐 버릴 것 같았다.

나는 10년 동안 점점 피폐해져 갔다. 계약금 10%와 중도금 10%는 진작 포기했다 쳐도 은행의 중도금 대출은 어떻게 할 도리가 없었다. 계속해서 이자를 낼 수도 없었고 이자를 안 내니 은행에서는 신용불량자 취급을 했다. 한 번의 잘못된 판단으로 10년을 허송세월했을 뿐 아니라 돌이킬 수 없는 상처를 얻었다. 남편에게 말도 못 하고 억울함과 분통으로 10년을 보냈다. 다행히 신용등급은 회복되어서 2등급이 되었다.

그런데 나보다 상황이 안 좋은 사람이 있었다. 퇴직금과 모아놓은 돈 전부를 그 상가에 투자해 무전노후가 된 김상철 씨였다. 그는 그 상가를 5개나 샀다. 약 6평짜리 1개에 1억 1,000만 원으로 기억한다. 그곳에서 나오는 월세로 노후를 편안히 보내겠다고 마음먹고 1개를 사기로 결정했는데, 분양팀과 상담하면서 5개를 계약하게 되었다고 했다.

"누가 지저분한 재래시장을 이용하겠어요. 깨끗하고 최첨단 시설을 자랑하는 상가로 사람들이 다 모일 것입니다. 재래시장 상인들은 벌써부터 예약까지 하고 기다립니다."

"다 나가면 하고 싶어도 못하니 오늘 빨리 하세요."

"하나 해서는 월세가 약하니 가지고 있는 돈으로 5개 하시면 평생 돈 걱정 안 하고 삽니다."

그는 이러한 분양팀의 말만 믿고 계약금은 물론이고 중도금도 대출을 받지 않고 현금으로 상가 5개를 샀다. 하지만 준공이 되어도 세입자는커녕 설계 변경으로 고소고발이 계속되고 아무도 들어오지 않았다. 억울한 마음은 말할 것도 없고 인생을 헛살았다는 자괴감으로 괴로워하면서 계속해서 "죽고 싶다. 마누라는 둘째 치고 자식들 보기 민망해서 그냥 죽었으면 좋겠다."라고 했다.

다른 사람들도 힘들었지만 김상철 씨를 생각하면 다들 자기 일인 양 마음 아파했다. 처음에는 같이 고소장도 넣고 했는데 나중에는 조건이 달라서 따로 하게 되었다. 그러면서 연락이 끊겼다. 그를 생각하면 지금도 마음이 너무 아프다.

그 후 나는 부동산 중개 일을 하면서도 상가를 제일 신경 쓴다. 분양 상가는 정말 좋은 상가가 아니면 중개하지도 않고 나 또한 투자하지 않는다. 그때를 생각하면 지금도 고통스럽지만 그 경험이 훗날 투자할 방향을 잡아 주는 교훈이 되었다고 생각한다. 그렇게 혹독한 훈련을 해서 나름대로 상가의 함정을 알게 되었다. 그래서 상가를 물어 보러 오는 고객에게는 내 방법을 이야기하고 나와 뜻이 맞지 않으면 중개하지 않는다. 중개와 투자에도 원칙이 있고 리스크는 최소화시켜야 하기 때문이다.

오랜 시간 법무사와 세무사, 변호사, 은행 대출팀과 시행사 변호사 등을 만나면서 이 상가와 씨름했다. 계약금 때문에 한 것은 아니고 내 신용 때문에 한 것이다. 내가 실패로 얻은 것은 그 후 상가를 중개할 때나 상담할 때 제대로 활성화되는 상가인지부터 확인하고 본다는 것이다. 비싼 돈 주고 수업을 받았다고 생각하고 다시는 나 같은 사람이 없기를 바라는 마음으로 더욱 신중하게 업무에 임하게 되었다.

월급도 받고 월세도 받는 똑똑한 직장인이 되라

직장인의 꿈은 무엇일까? 직장에 사표 내는 것일까, 사업하는 것일까? 하지만 내가 본 똑똑한 직장인들은 사표도 내지 않고, 사업도 안 하면서 월세를 받는다. IQ도 높지만 부동산 IQ는 더 높다.

신도시에서 중개 일을 하다 보면 일요일에 꼭 나와야 할 때가 있다. 일요일에 나오면 고객도 많고 상담시간도 길어져 피로감이 크다.

남영식 씨와 부인 강정미 씨는 오후 2시쯤 내 사무실로 들어왔다. 영식 씨는 직장인이고 정미 씨는 교사로, 서울에 살고 있다. 5년 전쯤 강남역에 있는 오피스텔을 2개 매입해서 월세를 받고 보니 월세처럼 좋은 것이 없다고 했다. 매달 월급 외에도 돈이 나오니 삶의 질이 높아지고 여유가 생겨 1년에 한 번씩 해외여행도 하고 주말에는 맛있는 것 먹으러 다니는 재미로 산다고 했다. 하지만 오피스텔이 점점 낡아가고 가격도 더 오를 것 같지 않아서 팔고, 모아 놓은 돈을 합해서 신도시에 코너 상가를 사고 싶다고 했다.

나는 10년 전쯤 동탄 1기 신도시 중심상가에서 부동산 중개사무소를 운영했다. 그때도 부동산 열기가 뜨거웠고 나는 최고로 위치 좋은 중심상가 코너에서 월세 600만 원인 부동산 중개사무소를 오픈했다. 그곳에서 땅과 상가 중개를 많이 했다. 보통 신도시 초기 상가는 분양 가격이 비싸고 분양을 많이 한다. 한꺼번에 공급이 많아지니 1,2층이 아닌 곳은 임차인 맞추기가 힘들고 상가 활성화도 늦다. 부동산 투자는 시간을 얼마큼 단축하느냐에 투자의 성패가 달렸다. 신도시 상가를 분양할 때 분양팀들이 과장해서 하는 말들을 그대로 믿고 샀다가 낭패를 보는 사람들이 있다. 상가 임대가가 현실성 있게 되려면 약 2~3년은 있어야 한다. 그래서 신도시 대형 상가를 중개할 때는 매우 조심스러워진다.

상가가 활성화될 때를 예측하고 투자 대비 적정한 수익률을 계산해야 한다. 하지만 실제로는 분양팀들이 이야기하는 수익률과는 거리가 있다. 특히 신도시 분양 상가는 더욱 그렇기 때문에 무작정 사면 낭패를 보기 쉽다. 물론 성공하는 사람들도 있다. 하지만 수익형이 아닌 차익형으로 성공하는 비율은 훨씬 낮다. 분양 상가로 전 재산을 잃고 무전노후로 불행히 사는 사람들을 본 경험이 있는 나는 상가를 원하는 고객들에게 구도심 상가 중 공실률 제로인 곳을 소개한다. 새 건물도 아니고, 멋있고 세련되지도 않고, 수익률도 낮다. 하지만 잘 고른 구도심 상가는 망하지도 않고, 공실도 없고, 월세도 잘 나온다.

나는 영식 씨 부부에게 상가 투자의 장단점을 이야기하고 신도시에 나온 상가가 아닌 구도심 상가 2개를 권했다. 그중 한 상가는 유명 프랜차이즈 빵집이 입점해 있는 상가로, 월세와 공실 날 걱정이 없는 안전한 상가였다. 상가 앞에는 횡단보도가 있어 접근성도 좋았다. 또 다른 상가는 1,000세대 아파트 단지 내 상가 코너 자리였다. 입주 때부터 한 사람이 부동산 중개사무소를 하고 있는 상가로, 수익률은 좀 떨어져도 공실 날 확률이 없고 안전했다. 나는 영식 씨 부부에게 나도 부동산 중개인이니 신도시 분양 상가를 소개하라면 그중 좋은 상가를 골라서 소개하겠지만 내 생각에는 두 상가 중 하나를 고르는 것도 나쁘지 않을 것이라고 했다. 그러면서 두 상가와 분양 상가를 보여 준 뒤 잘 생각해 보고 연락을 달라고 했다.

며칠 후 영식 씨에게서 전화가 왔다.

"사장님, 강남의 오피스텔이 팔렸어요. 그래서 저번에 브리핑해 주신 상가 중 하나를 계약하고 싶은데 일요일에 다시 가서 보고 싶어요. 괜찮으시죠? 그런데 만약 사장님이라면 어떤 것을 사시겠어요?"

"나는 부동산 사무실이 있는 단지 내 코너 상가를 사고 싶어요."

위치 좋은 단지 내 코너 자리는 잘 나오지 않는다. 상가로 안전하게 월세를 받고 싶다면 이런 상가를 사야 한다. 영식 씨도 그 상가를 살 것 같은 예감이 들었다. 일요일에 방문해 그 상가들을 다시 보여 주고 최종적으로 부동산 사무실이 있는 그 코너 상가를 매입하기로 했다.

영식 씨는 코너 상가를 매입하고 아주 좋아했다. 내가 소개한 뒤에 따로 그 부동산에 2번 갔었는데, 가서 보니 계속해서 손님이 오는 등 바빠 보였으며, 앞으로도 아파트가 없어지지 않는 한 공실도 없을 것 같다고 했다. 그 후 임차인은 월세를 하루도 어기지 않고 자동이체로 꼬박꼬박 보낸다면서 좋아했다.

부동산 중개 일을 하면서 안타까울 때도 많다. 직장인이 열심히 일하고 허리띠를 졸라매면서 저축을 해도 전세금을 따라 가지 못할 때다. 주인이 전세금을 올려 달라고 한다면서 불안한 얼굴로 부동산에 오는 임차인들이 많다. 나는 이런 사람들에게 무조건 소형 아파트를 사라고 권한다. 사고 나면 내려갈 수도 있다는 각오로 사라고 한다. 하지만 이사 2번 갈 때까지는 틀림없이 오른다고 확신에 차서 이야기한다.

"사장님, 정말 그럴까요? 그럼 한번 알아봐 주세요."

"그래요. 정말 잘 생각했어요. 이제 전셋집 구하러 올 일은 없을 거예요. 솔직히 내가 소형 아파트를 고작 수수료 때문에 이렇게 권하겠어요?"

사실이다. 나는 수수료를 받아 보겠다고 직장인들에게 아파트를 사라고 권하지 않는다. 빨리 전셋집에서 탈출해 2년마다 불안해하는 생활에서 벗어나게 해 주고 싶어서다. 그렇게 알려 주면 재빠르게 알아듣고는 일사천리로 집을 사는 사람들이 있다. 이런 사람들은 나중에 재테크도 잘하고 부자가 될 확률도 높다.

결혼시기가 비슷해도 어떤 사람은 빨리 집을 사서 안정적으로 생활하는가 하면, 좋은 차는 기본이고 외식에 여행에 젊음을 즐겨야 한다는 사람도 있다. 누군가는 계속해서 자산이 쌓이고 누군가는 제자리걸음도 하지 못하고 밀려나는 인생이 된다. 어떻게 부자가 될지를 고민하고 연구해야 부자가 될 수 있다.

직장인들이나 은퇴자들은 부동산 흐름에 뒤처진다. 일단 회사라는 조직 사회에 있으면서 다른 것을 돌아볼 시간적 여유가 없다. 또 시간이 있다고 해도 부동산 투자를 생각하기보다는 저축, 적금, 보험 등 금융상품을 알아본다. 부동산 투자를 하려면 자금이 있어야 된다고 생각한다. 물론 금융상품으로 돈을 모을 수도 있겠지만 부자가 되기는 어렵다. 지금은 예전처럼 이자가 많지도 않거니와 경제가 안정될수록 저금리는 계속될 것이기 때문이다. 먼저 경험한 선진국을 보면 흐름을 알 수 있다.

직장인들은 오피스텔을 매입해서 월세를 받으면 여유 있는 생활을 할 수 있다. 소형 아파트인 경우에는 월세도 받고 아파트 가격도 올라가기 때문에 두 마리 토끼를 잡을 수 있다. 더 큰돈이 모인다면 점포주택이나 코너 상가를 살 수도 있지만 일단 작은 것부터 시작해야 한다.

2008년 리먼 사태가 일어났다. 미국의 투자은행 리먼 브라더스의 파산에서 시작된 글로벌 금융위기였다. 나는 그 무렵 수지의 대형 아파트에 살고 있었는데 그곳에도 몰락이 찾아왔다. 그런데 리먼 사태가 오기 전에 그 아파트를 팔 기회가 있었다. 2006년 서울과 수지는 버블 세븐이라 해서 아파트 가격이 한참 올랐었다. 수지 성복동에 있던 우리 집도 3억 5,000만 원에 분양받아서 8억 2,000만 원까지 올랐다.

나는 팔 때가 되었다고 생각하고 아파트를 내놓았다. 바로 매수자가 나타나 매매 계약을 했다. 그리고 계약금으로 8,200만 원을 받았다. 나는 임대사업을 하기로 하고 신봉동 우남아파트를 알아보았다. 우남아파트는 분양전환 임대 아파트 17평으로, 수지에서는 작고 새 아파트에 속했다. 또한 신분당선 전철역까지 걸어 다닐 수 있고 바로 앞에는 대형 마트가 있어 위치도 좋고 생활하기에도 아주 편했다. 가격은 약 1억 원 정도여서 10개를 사서 임대사업자로 등록하고 월세를 받으려는 계획을 세웠다.

그렇게 우남아파트를 3개째 계약했는데 성복동 집을 매매했던 부동산 중개사무소에서 전화가 왔다. 매수자가 이 집을 해약하고 싶다는 것이었다. 내가 8억 2,000만 원에 팔았는데 가격이 계속 올라 잔금을 치루기도 전에 8억 7,000만 원까지 올랐다. 그런데 8억 5,000만 원에 살 손님이 있으니 먼저 계약된 계약금을 돌려 달라고 했다. 매수자는 의사였는데 그 당시 세무조사를 받게 돼서 이 집을 살 수가 없게 되었다면서 사정했다. 나도 8억 2,000만 원에 팔았는데 계속 오르니 속이 상했다. 한 달도 안 돼서 5,000만 원이 오르니 잘못 팔았다고 생각하고 있을 때였다.

우남아파트는 계약한 상태에서 해약을 원하니 뭔가 복잡해졌지만 성복동 집은 위약금 없이 해약해 주기로 했다. 몇천만 원이 올랐고 계속해서 오를 것 같다는 욕심이 생기니 잘못 판단한 것이다. 욕심이 화를 불러 두고두고 땅을 치고 후회할 일이 되었다.

그 집은 몇 년이 지난 후 세입자의 전세 반환금을 돌려주려고 융통한 돈을 갚기 위해, 집값이 폭락했을 때 5억 2,000만 원에 팔았다. 그때 3개 샀던 우남아파트는 꾸준하게 월세를 받았다. 한 달에 60만 원씩이라 매달 180만 원이 들어 왔다. 얼마 지나지 않아 우남아파트 값도 올라 차액을 남기고 팔았지만 지금까지 가지고 있었다면 투자금은 다 회수되고 월세도 210만 원 이상 나왔을 것이다.

만약 그때 성복동 집을 팔고 우남아파트 10채를 임대사업자로 등록했다면 매달 600만 원씩 월세를 받을 것이고 2.5배 이상 오른 우남아파트로 차익도 남겼을 것이다. 시대가 변해 부동산 투자 방법도 변했다. 시대의 변화를 미리 예측해서 투자해야 한다.

종잣돈을 모아서 전세나 대출을 이용해 오피스텔이나 소형 아파트를 사 두면 꾸준히 올라 월세를 받는 소액 투자처가 될 것이다. 월급 받고 월세 받는 시스템이 되는 것이다. 직장생활은 부업이 될 수 있도록 시스템을 구축하는 똑똑한 직장인이 되자.

부동산 투자로
3년 안에 벤츠 타기

최고의 차를 뽑는다면 나는 단연 벤츠다. 포르쉐, 람보르기니 등도 있지만 보편적으로 벤츠가 최고의 꿈의 차다. 이제 흔하게 볼 수 있는 차지만 내가 결혼할 때만 해도 벤츠를 탄다고 하면 우리와는 다른 세상에 사는 사람들인 줄 알았다.

부동산 중개인들은 차로 고객들을 모시는 경우가 많기 때문에 차에 신경을 많이 쓴다. 좋은 차로 편안하게 모시려는 마음도 있지만 과시하려는 경향도 있다. 좋은 차를 타면 '사업이 잘돼서 돈을 많이 벌었다'라는 메시지가 전해지기 때문이다. 고객들 중에도 젊은 고객들은 벤츠를 많이 타고 온다. 그러면 속으로 '아직 젊은데 어떻게 저런 고급차를 탈까? 돈이 많은가 보다'라고 생각할 때도 있다.

중고 아반떼를 타고 온 젊은 청년 박경환 씨는 사무실에 앉자마자 이주자택지가 얼마 하느냐고 물었다. 살 사람이 아니고 팔 사람 같았다.

"혹시 이주자택지를 가지고 있으세요?"

"저희 어머니가 가지고 계세요. 그런데 가격도 잘 모르고 얼마에 팔아야 하는지 알고 싶어서 왔습니다."

경환 씨의 부모님은 살던 곳이 동탄 2기 신도시로 지정되어 보상과 함께 이주자택지를 살 수 있는 권리를 얻었다. 그러는 동안 아버지가 돌아가셔서 경환 씨가 매매를 하려고 우리 사무실에 온 것이다.

"상가주택을 지으면 월세가 나오고 땅값도 오르니 팔지 말고 형편이 될 때 지으세요."

"1억 원 정도의 돈이 필요해서 팔아야 합니다."

그때 시세는 1억 7,000만 원이었고 LH에 지불한 계약금이 있어 팔면 2억 원은 받을 수 있었다. 나는 경환 씨가 원하는 대로 좋은 가격으로 이주자택지를 팔아 주었다. 그리고 나머지 1억 원은 어떻게 할지 물었다. 고객이 여윳돈이 있다면 그것으로 돈을 벌어 주는 것이 내가 하는 일 중 하나다. 그는 지금은 딱히 계획이 없고 통장에 넣어 두었다가 결혼할 때 쓸 생각이라고 했다.

그때는 동탄에서 분양권이 오르기 시작하던 때였다. 나는 1억 원을 통장에 넣어 두는 것보다 지금 막 오르기 시작하는 분양권에 투자하라고 설득했다. 결혼을 하려고 해도 어차피 집이 필요할 테니 분양권을 사 놓으면 내 집이 생겨 결혼 조건도 더 좋아진다고 했다. 경환 씨는 생각해 보고 연락을 주겠다고 했다.

그런데 시간이 지나도 그에게서 연락이 없었다. 소식이 없는 것을 보니 어머니가 반대하시는 것 같았다. 그래도 분양권 가격이 올라가니 꼭 투자하라고 다시 한 번 전화를 할지 고민했다. 매수, 매도 고객에게 전화하는 타이밍도 아주 중요한 요소 중 하나다.

나는 오후에 경환 씨에게 전화해서 지금 분양권을 사야 하는 이유를 설명했다. 자금이 있어도 투자를 하지 않는 고객에게 내가 할 일은 강한 동기부여를 해 주는 일이다. 왜 투자를 해야 하는지 알려 주어 숨어 있던 욕망을 깨워 주는 것이다. 가격이 내릴까 봐 투자하지 못하는 사람에게는 근거와 예측으로 판단할 수 있게 도움을 준다. 그러나 내가 할 수 있는 것은 여기까지다. 결정은 그가 하는 것이고 '평양 감사도 자기가 싫으면 못 하는 것'이다.

경환 씨는 내 이야기를 듣더니 사겠다고 결정했다. 그때 산 분양권은 KTX 역세권 우남의 아파트였다. 그 아파트를 선택한 것은 광교에서의 경험이 컸다. 광교 소형 아파트는 이미 많이 올라 있었고 우남은 소형에 역세권이기에 오를 것이 확실했다. 나는 1억 원으로 분양권 2개를 사라고 방향을 잡아 주었다. 오를 때는 좋은 것 1개보다 저렴한 것 2개가 더 큰 수익을 낸다.

경환 씨는 적극적으로 내 의견에 따라 주었고 부동산 투자에 많은 관심을 가졌다. 입주 때가 되어 분양권 중 하나는 팔아서 사업자금으로 쓰고 다른 하나는 월세를 놓아 어머니의 생활비로 쓰겠다고 했다. 지금은 분양가 대비 약 2억 원이 올랐다.

항상 밝게 웃는 경환 씨가 어느 날 벤츠를 몰고 우리 사무실에 왔다. 원래 몰던 아반떼는 후배에게 주고 벤츠를 샀다고 했다. 나의 경험과 전문가로서의 의견을 전폭적으로 따라 주어 월급만으로 벌 수 없는 큰돈을 벌게 된 것이다. 전문가의 말을 귀 기울여 듣고 실행에 옮겼기에 가능한 결과였다. 아무나 돈을 버는 것 같지만 투자에는 용기가 필요하고, 실행해야만 돈을 벌 수 있다.

고객이 분양권을 투자하겠다고 하면 나는 먼저 투자 금액을 물어 본다. 그다음에 직장인인지, 외벌이인지, 맞벌이인지 자세하게 물어 본다. 남의 가정사를 알고 싶어서 물어보는 것이 아니고 적절한 투자 방향을 잡아 주기 위해서다. 똑똑한 고객들은 우리 부동산에 그냥 오지 않는다. 인터넷 검색과 카페, 블로그 등을 통해 다양한 방법으로 알아보고 전화 상담 후 어느 정도 감을 잡은 뒤에 사무실을 방문한다. 그런 고객들에게 만족스러운 결과를 보여야 최고의 중개인이기 때문에 어떨 때는 과도한 질문도 한다.

분양권이 올라갈 때는 자금이 부족하면 대출을 받으라고 한다. 수입에 맞는 대출은 지렛대를 이용하는 것과 같다. 대출이자를 낼 때는 적금을 넣는 것과 마찬가지이며, 미리 적금을 타서 쓴다고 생각하라고 한다. 그럴 때 고개를 끄덕이면서 투자하는 사람도 있고 대출은 절대 받지 않겠다고 고개를 젓는 고객도 있다. 고객마다 다 자기 스타일이 있다. 나 역시 직장인, 주부, 은퇴예정자 등 고객에 따라서 적절하게 권해 준다.

나는 우리 사무실에 오는 고객이 부자가 되고 이익이 많이 날 수 있도록 온 신경을 집중한다. 그 고객이 계속 내 고객으로 남아 있고, 그 고객 뒤에는 더 많은 고객이 있다는 것을 알기 때문이다. 나는 고객에게 좀 더 많은 이익을 내 주기 위해 대출에 대해서도 이야기하고 투자 시기도 알려 준다.

부동산 중개 경력 20여 년의 노하우로 부자라는 목적지에 급행열차를 타고 가는 방법을 알려 줘도 고객이 비싸고 위험하니 걸어가겠다고 하면 나도 방법이 없다. 내가 하는 일은 고객에게 돈을 벌 수 있는 정보를 주는 것이고, 그것을 선택하고 실행하는 것은 온전히 고객의 몫이다.

안타까운 사람들이 또 있다. 바로 청약통장이 있는 사람들이다. 청약통장이 있으면 언젠가는 당첨되겠지, 하면서 청약률이 제일 높은 곳에 신청한다. 그리고 항상 떨어진다. 나는 집이 없는 사람들에게는 청약률이 낮은 곳에 청약하고, 만약 당첨이 안 되면 권리금을 주고 사라고 권한다. 초기에는 저렴하게 살 수 있기 때문이다. 하지만 청약통장이 있는 사람들은 한결같이 다음에 해 보겠다고 한다. 그렇게 번번이 떨어지는 동안 분양가도 높아지고 전세 가격도 올라간다. 차라리 권리금을 조금 주고 사는 편이 훨씬 이익이다. 권리금을 남에게 그냥 주는 것이기 때문에 아깝다고 생각하지만 틀렸다. 이렇게 답답한 고객들은 미안하지만 다시 설득하지 않는다. 조언을 받아들일 준비가 되어 있는 고객들에게 알려 주어야 실행하고 결과를 얻기 때문이다.

청약통장은 바로 돈이 될 수 있는 귀중한 자산이다. 종잣돈이 없는 사람들에겐 더욱 그렇다. 통장도 쓰임새에 따라 다르다. 어떤 통장을 가지고 있어야 유리한지, 내 통장은 어떻게 사용해야 하는지를 자세하고 정확하게 알아야 한다. 다자녀, 신혼부부, 노부모 봉양, 무주택 등 정부에서 다양한 혜택을 주려고 하지만 몰라서 이용하지 못하는 사람들을 보면 답답하다. 좋은 아파트는 당첨만 되도 수천만 원의 권리금이 붙는다. 오래된 무주택 청약통장은 그 자체만으로도 큰 자산이 된다. 청약통장을 잘 관리해야 한다.

몇 년째 나에게 상담만 하는 고객이 있다. 이 고객은 예전부터 상담만 하고 부동산 매입은 하나도 하지 않았다. 다른 고객들 같으면 미안해서 오지 못할 정도였다. 투자할 물건을 소개하면 부정적인 것만 들춰내고 트집을 잡았다. 항상 완벽한 분양권을 찾는데 그런 것은 어디에도 없다. 투자할 돈은 있지만 실패할까 두려워

용기를 내지 못하고, 미련은 남아서 매번 상담만 했다. 고객이 오면 바쁜 와중이라도 테이블에 마주 앉아 상담을 해 주는데 나도 사람이기에 한계가 있다. 이런 고객들이 제일 안타까운 것도 사실이다.

어느 날, 또 다시 그 고객이 왔다. 그날은 좀 심하게 화가 났다. 이번에는 확실하게 투자하라고 말하고 싶었다. 나는 고객에게 잠깐 내 차로 오라고 해서 운전석에 앉힌 뒤 말했다.

"사장님은 지금보다 부자가 되고 싶은 목적으로 우리 사무실에 오시죠. 이 차는 목적지로 가려고 해도 시동을 켜지 않아서 갈 수가 없어요. 항상 상담만 하면 뭐해요. 용기를 가지고 시동을 켜야 차가 가지요."

"에이, 사장님도. 난 또 분양권 현장에 가는 줄 알았네요."

"시동도 켜지 않은 차를 뭐하러 안내해요. 내비게이션도 시동을 켜야 나오지요."

아무리 좋은 상담에 좋은 물건을 소개해도 사지 않는 사람은 부자가 될 수 없다. 그 고객은 충격을 받았는지 한참 동안 사무실에 오지 않았다. 오랜만에 나타났을 때는 드디어 나에게 분양권을 샀다. 그때는 동탄 분양권이 날마다 오를 때였다. 고객이 분양권을 사고 1년 반이 지나자 1억 원이 올랐다. 벤츠를 사고도 남는 가격이다.

나는 고객들이 이익을 보도록 항상 최선을 다한다. 좋은 정보를 수집하고 소개해 고객에게 돈을 벌 수 있는 기회를 주지만, 그것을 선택하고 실행하는 것은 전적으로 고객의 몫이다. 내 진심을 알아주고 신뢰하는 고객들은 금세 부자가 된다. 당신도 3년 안에 벤츠를 타고 싶다면 나의 휴대전화 010.5396.7895로 연락하거나 내가 운영하고 있는 네이버 카페 〈30대를 위한 부동산 투자 연구소〉(cafe.naver.com/anyomnia)에 방문해 보길 바란다. 최고의 노력과 정보로 당신을 벤츠 오너로 만들어 줄 것이다.

세계적인 부자도 부동산에 투자한다

　세계적인 부동산 투자자들은 이제 자신의 나라뿐만 아니라 전 세계에 걸쳐서 다양한 종류의 부동산에 투자한다. 그들이 부동산에 투자하는 이유는 부동산만큼 안전하고 수익성이 좋은 것이 없기 때문이다.

　중국〈상하이저널〉에 따르면 중국 부호들은 주말이면 전용기를 타고 전 세계 부동산 쇼핑에 나서고 있다고 한다. 그들은 우리나라 제주도와 합정동, 대림동 등의 땅과 상가를 마구 사들이고 있다. 또한 세계적인 슈퍼리치 순위에서 중국 부호가 4위를 기록했다.

　세계적인 부동산 전문가이자〈뉴욕타임스〉와〈월스트리트저널〉이 선정한 베스트셀러《부동산 부자들》의 저자 돌프 드 루스는 세계 곳곳의 호텔과 상업용지에 부동산 투자를 했다. 대학에 다닐 때부터 투자를 시작한 그는 부동산 투자 전문회사의 회장이다. 그는 책에서 자신의 오래된 경험으로 비추어 볼 때 부동산이 가장 훌륭한 투자 수단이라고 이야기한다.

내가 처음 분양권 중개를 할 때 부동산 고수들은 나에게 땅 중개를 하라고 알려 주었다.

"땅을 중개해야 눈을 뜨고 이 사장도 돈을 벌게 되지. 분양권 수수료가 몇 푼 한다고 그렇게 뛰어다녀?"

지금은 다르지만 예전에 땅을 중개하는 부동산 중개사무소에 가 보면 사무실도 허름하고 갈 때마다 한가해서 속으로 '1년에 1건 하나?'라는 생각에 땅 중개에 관심이 없었다. 또 분양권으로 날마다 바쁘니 다른 생각할 시간도 없었다. 땅에 비해 분양권은 계속 오르고 돈을 버니 너무 재미있었다. 계약하고 잔금을 치르면 벌써 몇천만 원이 올라 있었다. 그렇게 고객과 내 물건을 수도 없이 사고팔고 했다. 그러다 보니 나도 투자를 많이 하게 되고 목돈도 만질 수 있었다. 그렇게 분양권에서 돈을 벌고, 나는 상가로 눈을 돌리게 되었다.

상가는 더 돈이 되었다. 거래가격도 높지만 수수료가 0.9%로 분양권에 비해 훨씬 높았기 때문이다. 분양권으로 돈을 번 고객에게 이번에는 상가를 사 주었다. 상가도 가격이 올라가면 다시 팔아서 차액을 남겼다. 지금 생각하면 미친 듯이 했다는 말이 맞을 정도다. 나도 역시 상가 투자를 하면서 돈도 벌고 상가의 속성에 대해 알게 되었다.

나는 부동산을 시작한 후 쉬는 시간 없이 항상 바쁘게 움직였다. 고객들도 많았지만 내가 투자자가 되어 투자처를 끊임없이 찾아 다녔기 때문이다. 그렇게 계속해서 아파트 분양권과 상가 분양권을 사고팔다 보니 개수가 많아졌다. 분양권 개수는 늘어났지만 그것은 숫자에 불과한 함정이었다. 위기가 다가와 모두 손해를 보고 팔아야 했기 때문이다. 투자해서 남으면 비율에 따라 수익형으로 만들어 놓고 월세를 받았어야 했다.

만약 상가 분양권을 팔고 그것으로 월세가 나오는 상가를 가지고 있었다면 금융위기 때처럼 큰 위기가 왔어도 견뎌 냈을 것이다. 누구나 실패를 초석 삼아 성공한다. 지금은 나도 적절한 포트폴리오로 투자를 한다.

미국의 대통령 도널드 트럼프 역시 부동산 재벌이다. 그의 아버지는 부동산 건축업자다. 트럼프는 어렸을 때부터 아버지에게 영향을 많이 받았다. 반면 그의 형은 아버지와는 다른 성격이었다. 사업적인 기질이 없었던 형은 아버지의 기대에 부응하지 못했다. 형은 아버지와 오랜 갈등을 빚다가 43세 되던 해에 죽었다. 그에 비해 트럼프는 다혈질이고 폭력적이었다. 초등학교 2학년 때는 음악 선생님의 얼굴을 때려 멍들게 한 적도 있다. 트럼프는 항상 리더로 군림했고 젊은 시절부터 야망이 있었다.

그는 아버지로부터 많은 것을 배웠다고 회고했다. 그의 아버지는 그가 아주 어릴 적부터 "인생에서 가장 중요한 것은 네가 하는 일을 사랑하는 것이다. 그러면 그 일을 아주 잘할 수 있게 되기 때문이야."라면서 그를 응원했다고 한다. 그런 아버지의 교훈으로 트럼프는 자기가 하는 일에 매우 만족을 느끼고 그의 일을 사랑했다고 한다. 그는 자신의 저서 《거래의 기술》에서 "나는 거래를 통해서 인생의 재미를 느낀다. 거래는 내게 하나의 예술이다."라고 이야기했다.

그는 많은 부동산을 소유하고 개발해서 이익을 창출했다. 그가 소유하고 있는 부동산 규모는 상상을 초월한다. 물론 그도 실패한 적이 있지만, 그것을 딛고 다시 성공했다. 대통령 선거에 나갈 수 있던 것도 그의 재력 덕분이었다.

트럼프는 책을 통해 부동산을 거래하거나 개발을 할 때의 노하우를 알렸다. 그는 부동산 투자를 할 때 목표를 높게 잡은 뒤 전진에 전진을 거듭해야 한다고 했다. 우리가 보통 알고 있는 트럼트는 거침없는 막말을 일삼는 예의 없는 사람이지만 나는 이 책을 읽은 후 그에 대한 생각이 달라졌다. 그는 철저하게 사업가다. 그가 쓴 다른 책을 보면 그의 비상식적인 언행도 계산된 것임을 알 수 있다. 그는 자신을 드러내기 위해 노이즈 마케팅을 택한 철저한 사업가다.

나는 그의 투자법에 공감했다. 내가 이제껏 읽은 부동산 관련 책에서 핵심만 뽑은 내용이었기 때문이다. 나는 직업상 부자를 매일 만난다. 세계적인 부자는 책으로 만나고 한국 부자들은 직접 만난다.

얼마 전 오후 늦게 우리 사무실에 한 부부가 들어 왔다. 나이는 많아 보이지 않았는데 수수하고 허름한 옷차림이었다. 부부는 평택 고덕 이주자택지를 구입하러 왔다고 했다. 필지 추첨이 끝나 가격이 많이 올라 있을 때였다. "전에 이주자택지를 사 보신 경험이 있나요?"라고 물으니 한 번도 없다고 했다. 그래서 내가 설명을 하고 나와 있는 택지를 알려 주기로 했다.

몇 필지를 선별해서 소개했는데 반응이 없었다. 이주자택지를 살 돈이 없나 하는 생각도 들었지만 계속해서 장단점을 설명하고 지금은 가격이 많이 올라 있는 상태니 조금 시간을 갖고 투자해 보는 것이 어떻겠냐고 했다. 한참을 듣고만 있던 남편이 조금씩 이야기를 시작했다.

"실은 제가 이주자택지는 해 본 적이 없지만 일반 상가는 해 봤습니다."

"네? 일반 상가라고 하면 어떤 상가인가요?"

"충북 혁신도시와 지방 혁신도시에서 일반 상가 입찰을 많이 받았습니다."

그는 여기저기 투자한 것을 이야기하기 시작했다. 모르는 것이 없는 상가 박사님이었다. 겉으로 보기에는 큰 재산이 있어 보이지 않았는데 빠르게 계산해 봐도 수백억 원은 될 재산이었다. 그러면서 자기가 정한 목표는 아직 멀었다고 하는 것이었다. 나는 외모만 보고 섣불리 판단한 내 경솔함을 반성했다. 지금 있는 재산도 많은데 단호하게 자기의 목표는 아직 멀었다며 눈을 빛내는 모습에서 분명히 달성할 것이라는 확신이 들었다. 그 당시에는 평택 고덕 이주자택지가 조정기여서 상황을 보고 다시 연락하기로 했다.

부부가 돌아간 뒤 나는 '역시 부자들은 다르구나' 하면서 트럼프가 말한 부자의 조건에 대해 다시 한 번 생각하게 되었다. 트럼프처럼 확실한 목표를 가지고 그 목표를 위해서 전진하는 것이 부자들의 공통점이다. 항상 목표를 가지고 있고 그 목표를 위해 밤낮을 가리지 않는다. 월세를 받고 싶으면 그것이 목표가 될 것이다. 구체적인 금액까지도 목표가 될 것이다. 부자들 중에 목표와 근성이 없는 사람은 보지 못했다. 작은 돈은 아끼더라도 생각이 작은 부자는 별로 없다. 생각이 큰 것은 의식이 확장되어 있어서다.

나는 의식 확장에 대해 알고 싶어서 예전에 보았던 자기계발서와 부자들의 성공담을 다시 보았다. 그런데 예전에는 느끼지 못했던 새로운 사실을 발견했다. 그들은 한결같이 의식 확장을 하고 난 뒤 부자가 되었던 것이다. 크게 생각하는 힘 덕분이다.

또한 트럼프는 직접 발로 뛰면서 시장 조사를 하라고 말했다. 이것은 내가 항상 강조하는 것이다. 현장에 가 보지 않고 하는 투자는 기본을 모르고 하는 투자다. 현장 확인은 몇 번을 강조해도 지나치지 않다.

마지막으로 가장 중요한 것이 지렛대를 이용하라는 것이다. 내가 만나본 부자들 중 지렛대 역할을 하는 대출을 이용하지 않는 부자는 없었다. 자기 자본만 가지고 투자한다면 성공까지 가는 시간은 마냥 늘어날 수밖에 없다. 그러나 무작정 많이 하라는 이야기는 절대 아니다.

한국의 부자나 미국의 부자, 또 세계적인 부자도 부동산 투자의 원리는 똑같다. 세계적으로 성공한 부자들을 알아 가면 세계적인 부동산 흐름도 알 수 있다.

5

부동산 골든타임에 투자하라

요즘 뜨겁게 뜨고 있는 요리사 백종원이 있다. 그는 요리사 겸 사업가다. 음식을 요리하기도 하지만 사람의 마음도 요리할 줄 안다. 그는 계량컵을 쓰지 않고 종이컵으로 계량한다. 또 재료가 집에 없으면 안 써도 된다면서 부담을 줄여 준다. 설명할 때 "참 쉽쥬?"라면서 사투리를 쓰는 것도 그의 매력이다. 사람들은 쉽고 빠른 것을 원한다. 시대의 흐름이다. 그것을 파악한 백종원은 성공했다. 부동산 투자 역시 골든타임을 빠르게 파악해야 성공한다.

나는 서른한 살에 서른네 살인 남편을 중매로 만나 결혼했다. 어느 날 엄마가 나에게 선을 보라고 했다. 상대 남자의 조건을 들어 보니 탐탁지 않아서 싫다고 했다. 결혼하고 나서 알고 보니 남편도 내 나이가 많아서 싫다고 했단다. 그 시절에는 여자 나이 서른한 살이면 노처녀 취급을 받았다. 그렇게 서로 싫다고 해 당시에는 이루어지지 않았었다. 몇 개월 후 중매 서신 분이 다시 선을 보라고 권해 왔다. 그분은 우리 집 사돈으로, 지금의 시어머니와는 친구 사이였다. 엄마는 사돈이 중매 서는 것을 거절하기 민망하다면서 그냥 나가만 보라고 하셨다.

그때 시어머니는 막내아들인 남편을 빨리 결혼시키고 싶으셔서 내가 서른 살이 안 된 다른 처녀라고 하셨단다. 그렇게 우여곡절 끝에 나와 남편은 잠실 롯데호텔 라운지에서 첫 만남을 가졌다. 하지만 끌리지 않았다. 그냥 한 번 만난 것으로 사돈어른이나 엄마에게 도리를 다했다는 마음뿐이었다. 그러나 그해 12월 21일에 우리는 결혼했다.

우리는 남편이 분양받은 14평 임대 아파트에서 신혼살림을 시작했다. 건축사인 남편은 남들보다 수입이 많아서 결혼한 지 얼마 지나지 않아 목돈이 생겼다. 투자할 곳을 찾다가 친구가 서초동 법원 앞 15평짜리 재건축 아파트를 소개해서 가게 되었다. 매매가가 약 1억 원 정도였다. 부동산 중개인이 말했다.

"새댁! 이거 사면 틀림없이 많이 올라요. 빨리 사세요. 부동산에는 골든타임이 있어요. 지금이 골든타임이에요."

나도 사고 싶었지만 돈이 모자랐다. 그런데 돈이 모자란다는 말을 못했다. 말했으면 중개인이 방법을 찾아 줬을 텐데 그냥 "알겠어요. 남편과 의논해 볼게요."라고 말하고 돌아왔다. 며칠이 지났는데 그 사이에 아파트 값이 천정부지로 올랐다. 처음 갔을 때는 1,000만 원 정도가 모자랐는데 며칠 사이에 2,000만 원이 모자라게 되었다. 나는 이젠 틀렸다는 생각에 포기했다. 그때서야 '부동산 중개인에게 돈이 모자라는데 방법이 없겠느냐고 물어나 볼걸' 하며 후회했다. 그렇게 내 첫 투자의 골든타임을 놓쳤다. 그 이후 나는 가능하면 중개인에게 내 입장을 모두 알려 줘야 한다고 생각했다. 그래야 도움을 받을 수 있다. 나도 손님들에게 자세하게 물어 본다.

그렇게 그 아파트를 놓쳐 버리고 가진 돈에 맞춰 풍납동 동아아파트를 급하게 샀다. 사고 얼마 지나지 않아 잘못 선택했다는 생각이 들었다. 가구 수도 적고 호재도 없었기 때문이다. 2년이 지난 후에 겨우 팔았다. 그래도 미련 없이 팔 수 있었던 것은 결혼 전에 투자한 주식으로 손절매 경험이 있었기 때문이다. 부동산도 마찬가지다. 투자를 하다 보면 아니다 싶을 때도 있게 마련이다. 이럴 때는 더 많은 손해를 보지 않고 정리하는 것도 용기 있는 투자의 한 방법임을 알아야 한다.

내가 부동산 중개로 성공할 수 있었던 요인 중 하나는 고객들에게 꼭 필요한 정보를 주고, 그들이 차액을 남길 수 있도록 진심으로 열정을 바쳐서 알려 주기 때문이다. 내가 강한 열정을 바쳐야 고객들은 다른 중개인을 찾지 않고 나에게 의뢰한다. 나는 고객이 차액을 남겼을 때 진정으로 내 고객이 된다고 믿는다. 차액이 남아야 나를 신뢰해 거래를 이어 가고 다른 고객도 소개하기 때문이다. 부동산 고객은 일회성이 아니다. 투자한 사람이 또 투자하기 때문에 얄팍한 수법은 통하지 않는다.

나는 서초동 재건축 아파트를 사지 못한 나 같은 사람이 없기를 바라는 마음으로 항상 고객들의 자금 사정을 물어 본다. 실제 우리 사무실에 오는 고객들은 각자 자금 사정이 다른데, 어느 정도를 투자할지 알지 못하면 소개해 줄 수 있는 폭이 적어 수박 겉핥기식으로밖에 설명할 수 없다.

부동산 투자의 골든타임은 언제일까? 나는 주로 땅을 소개하기 때문에 오를 만한 이슈가 있는 땅을 찾는다. 아직 소문이 나지 않은 곳, 꿈틀대는 기운이 느껴지는 곳, 거대한 용암을 분출할 수 있는 곳을 찾아낸다. 뉴스에 나올 때는 이미 늦은 것이다. 땅도 본래 모습에서 개발되어 완성된 모습을 예상해 볼 수 있어야 한다. 화장과 변장을 한 땅을 최후에 매입한다면 가격도 비싸지고 실제로는 남는 것이 별로 없다.

2015년 팽성 미군부대 앞의 땅이나 2016년 현덕지구 안의 땅이 그것이다. 팽성 미군부대 앞의 땅은 이미 10년 전부터 미군이 들어온다고 했지만 정작 2016년 후반기부터 이동하고 있다. 부동산은 너무 앞서거나 늦어서는 안 된다. 적절한 타이밍에 들어가야 한다. 2015년 6월 평택시에서는 미군부대 앞의 땅을 시가화예정지로 정하는 공람을 했다. 주민들에게 소유하고 있는 땅이 이렇게 변할 예정이니 이의가 있는 사람은 이의 신청을 하라는 것이다.

이때가 바로 골든타임이었다. 나는 팽성 미군부대 앞에 부동산 중개사무소를 하나 더 오픈했다. 그리고 재빨리 가지고 있던 금액으로 땅을 구입했다. 그리고는 고객들에게 빨리 땅을 사라고 했다. 내 고객들은 그때 땅을 많이 샀다. 그 후 땅값은 계속 올랐고, 2017년 3월에 확정되었다. 나는 더 이상 고객들에게 팽성 미군부대 앞의 땅을 권하지 않는다. 이미 어느 수준까지 올랐기 때문이다. 많이 오른 지역은 조정기를 거쳐야 다시 오른다. 그래서 부동산은 시간이 돈이라고 한다. 시간을 아껴야 한다. 시간을 돈으로 살 수만 있다면 사야 하는 것이 부동산 투자다.

2016년, 평택항 주변 현덕지구에서 (주)대한민국중국성개발사가 지구지정을 받아 개발을 시행한다고 했다. 평택항은 지금보다 3배가량 커지고 우리나라 물류 대부분이 평택항으로 오게 될 것이다. 지금도 자동차와 자동차 관련 부속, 그리고 곡류들이 평택항으로 들어온다. 그곳에 여의도만 한 크기의 땅에 중국 사람들이 투자를 해서 중국인 도시를 만드는 것이다. 상점 2만 개와 아파트, 1만 개 호실의 호텔과 크루즈까지 생긴다고 하니 투자 가치가 확실하다. 이 모든 것이 확정되어 2018년 상반기에 보상이 나갈 계획이다.

나는 주민들과 함께 중국성개발사 한국 대표의 말을 들어 보고 중국 현지에서 파견 나온 직원의 말도 들어 봤다. 또 우리나라 항해청에도 알아보았다. 평택시청에도 전화해 본 결과 나름대로 결론이 났다. 현덕지구는 투자해도 좋을 자리였다. 중국성개발사에서 개발한다면 더욱 좋지만 그 회사에서 시행하지 않아도 충분한 가치가 있었다.

결론이 나자 나는 먼저 땅을 구입했다. 그리고 고객들에게 땅을 구입하라고 했다. 많은 고객들이 현덕지구 땅을 구입했다. 우리가 4월까지 땅을 구입했는데 5월에 중국성개발사에서 자금이 들어와 지구지정을 마치게 되었다.

지구지정이 되니 당연히 땅값은 오르고 지금은 보상 준비를 하고 있다. 우리가 땅을 매입한 것은 보상을 받으려고 한 것이 아니고 대토를 받으려고 한 것이다. 미래의 현덕지구 땅을 지금 사 놓은 것이다. 부동산 골든타임에 거인의 어깨 위에 올라탄 것이다.

골든타임은 언제일까? 땅값이나 분양권 가격이 5~10% 오른 상태다. 그때 부동산을 사면 실패하지 않는다. 오르기 전에는 확실하지 않을 때가 많다. 투자할 때는 적정한 골든타임에 매입하라고 권하고 있다.

나는 투자하기 전 꼼꼼하고 철저하게 체크한다. 그리고 내가 먼저 투자한다. 내 돈이 들어가야 나도 똑같은 투자자 입장에서 말할 수 있고, 그래야 고객들도 나를 믿을 수 있기 때문이다. 요즘 고객들이 어떤 고객들인가? 부동산은 신뢰가 중요하다. 나를 믿고 투자하는 고객에게 말만 늘어놓는 것이 아닌 최고의 전문가적인 행동을 보여줄 때 선택받을 수 있다.

6

소액 경매로
오피스텔 투자하기

　세 아이의 아빠인 직장인 안정훈 씨가 우리 사무실 문을 열었다. 큰 키에 도수 높은 안경을 쓰고 저벅저벅 걸어들어왔다. 나는 새로운 고객이 올 때면 나도 모르게 그 사람을 파악하게 된다. 정훈 씨는 전형적인 모범생 스타일로, 학교 다닐 때는 공부를 잘했을 것이고 지금 직장생활도 성실히 하고 있을 것 같았다. 그는 아이가 셋이라고 강조하고 커 가는 아이들을 보면 월급만으로는 부족할 것 같아서 무작정 왔다고 했다.

　"제가 가진 돈이 적어요. 그래서 뭔가를 해서 돈을 벌고 싶어요. 그렇지 않으면 나중에는 아이들 학원비도 모자랄 것 같아요."

　"얼마나 있으신데요?"

　"그냥 조금 있어요."

　"정확한 금액을 알려 주셔야 제가 상담해 드리기가 훨씬 좋습니다. 우리 사무실엔 1,000만 원부터 100억 원까지 다양한 고객들이 오시거든요."

"제가 모아놓은 돈은 3,500만 원밖에 안 돼요. 너무 적죠?"

"아유~ 아이 셋 키우면서 3,500만 원 모으기가 얼마나 힘든데요. 그동안 수고하셨어요."

나는 모아둔 돈이 얼마 되지 않는다며 의기소침해하는 그를 진심으로 위로해 주었다.

3,500만 원으로 투자할 대상도 많다. 요즘 인기 있는 갭 투자가 그 첫 번째다. 중소도시에서 소형 아파트나 연립주택을 전세로 끼고 사는 것이다. 전세가가 높을수록 투자비용도 적게 들어서 투자하기에 좋다. 예를 들어 매매가가 1억 8,000만 원이고 전세가는 1억 5,000만 원에서 1억 6,000만 원 사이인 소형 아파트를 사는 것이다. 등록세와 부동산 수수료를 포함하면 약 3,000~3,500만 원이 든다. 전세가가 높다는 것은 매매가가 오를 여지가 있다는 말이기도 하다. 이런 아파트를 사 놓으면 2년 후에는 매매가든 전세가든, 둘 중 하나는 오르게 되어 있다.

매매가가 오르지 않는다는 것은 부동산 경기가 좋지 않다는 뜻이다. 부동산 경기가 좋지 않으니 매매하지 않고 전세로 살고 싶어 한다. 그런 사람들이 많아지면 전세가가 오르게 되어 있다. 점점 더 올라서 매매가에 근접하게 된다. 매매 가격이나 전세 가격이 비슷한 소형 아파트나 빌라들도 많다.

반대로 매매가가 오른다는 것은 부동산 경기가 좋아져서 집을 사는 경우다. 이럴 때는 집값이 많이 오를 수밖에 없다. 이렇듯 매매가와 전세가의 차액이 적은 부동산에 투자하는 것을 갭 투자라고 하는데, 소액으로 투자하기에 좋아 직장인과 주부들이 많이 하고 있다. 갭 투자를 전문적으로 하는 사람들은 투자한 물건이 100~300개가량 된다고 한다. 갭 투자를 할 때 살고 있는 집은 1가구 1주택으로 해 놓고 다른 아파트를 살 때는 사업자 등록을 해서 세금 혜택을 본다. 임대사업자 등록을 하고 4년 후에 판다면 양도소득세도 감면해 주기 때문에 단기적으로는 2년에 한 번씩 원금 회수를 하고 장기적으로는 양도 차익을 보는 아주 좋은 투자처다.

그러나 이 갭 투자는 정훈 씨에게는 맞지 않았다. 그에게는 월급 외에도 다달이 수익이 나오는 투자처가 더 적합하기 때문이었다. 정훈 씨처럼 소액으로 투자하면서 월세가 나오는 대표적인 것이 오피스텔이다. 고객마다 금액이 다르고 투자처가 다르기 때문에 맞춤 투자를 잘해 줘야 한다.

나는 정훈 씨에게 오피스텔을 권했다. 오피스텔은 퇴직자들에게도 유리한 투자처다. 그중에서도 서울의 강남역과 2호선 주변의 오피스텔을 사라고 권했다. 오피스텔은 일단 위치가 좋아야 한다. 특히 서울 2호선 전철역이 좋다. 오피스텔에 사는 사람은 대부분 교통 때문에 사는 경우가 많은데 전철역이라도 강남에서 먼 곳은 기피하기 때문이다. 수익률로 보자면 서울 변두리나 신도시 오피스텔이 더 좋다. 그러나 수익률이 조금 낮더라도 강남이나 2호선 전철역 주변을 권한다. 정훈 씨는 깜짝 놀라 물었다.

"서울 강남역 주변의 오피스텔을 3,500만 원 가지고 살 수 있나요?"

"사는 방법만 바꾸면 살 수 있어요. 경매를 받아서 살 수 있답니다."

경매로 사면 대출을 많이 해 주는 좋은 점이 있다. 낙찰금액의 80%까지 대출해 주니 낙찰만 잘 받으면 큰돈을 들이지 않고 오피스텔의 주인이 될 수 있다. 강남역이나 2호선 전철역 주변은 새 오피스텔이 아니어서 낡긴 했지만 임차인은 많다. 오피스텔 가격이 1억 8,000만 원에서 2억 5,000만 원 사이면 경매 가격은 약 20%로 저렴하게 낙찰받는다. 경매는 감정시점을 눈여겨보아야 한다. 부동산이 활황일 때 감정했다면 조정기 때 경매를 하게 된다. 그렇게 되면 차라리 급매를 사는 것이 더 바람직할 때가 많기 때문에 감정시점을 잘 파악해야 한다.

내 자세한 설명에 정훈 씨는 매우 흡족해하면서 오피스텔 경매를 받기로 했다. 시세보다 20% 정도 싸게 받기 때문에 낙찰받는 순간 시세차익을 본다. 그는 오피스텔을 낙찰받고 셀프로 인테리어도 조금 했다. 도배를 새로 하고 바닥을 다시 깔아 깨끗하고 정갈하게 해 놓으니 바로 임차인이 들어왔다. 보증금을 받고 월세에서 대출금 이자를 제하니 한 달에 27만 원의 수익이 들어왔다. 처음 하는 투자이니 그 금액으로도 만족하고 큰아이가 배우고 싶어 하는 발레를 배우게 해 주겠다고 아주 좋아했다.

27만 원이라는 금액은 적은 금액일 수 있지만 이렇게 아이들이 원하는 것을 들어줄 수 있는 금액이기도 하다. 게다가 오피스텔 월세는 1년 단위로 계약을 많이 하기 때문에 분명 1년 후에는 월세가 오를 것이다. 그것이 투자의 첫걸음이 되면서 눈을 뜨게 된다. 만약 정훈 씨가 적은 돈으로 뭘 하냐면서 3,500만 원을 은행에 넣어 두기만 했다면, 월세는 둘째 치고 투자 시기가 한참 늦었을 것이다.

정훈 씨는 오피스텔 투자로 자신감을 얻었다. 좀 더 많은 정보를 원하는 그에게 나는 무엇보다도 부동산 관련 책을 꾸준하게 보라고 권했다. 그 결과 그는 부동산에 대한 해박한 지식으로 주위 사람들에게 조언을 해 주기도 하고 나에게 고객도 소개시켜 준다.

3,500만 원이라는 돈은 결코 적은 돈이 아니다. 특히 직장인들에게는 더욱 그렇다. 투자하고 싶어도 3,500만 원의 종잣돈이 없으면 죽기 살기로 돈을 모아야 한다. 그렇게까지 하면서 살고 싶지 않다면 모르지만 투자할 3,500만 원이 없다면 그 돈을 모으

려는 각오는 해야 한다. 돈과 게임을 한다고 생각하고 돈에게 이길 것을 선언하라. "너를 가지고야 말테다!"라고 말이다.

종잣돈의 목표를 처음에는 500만 원으로 세우고 그것을 달성하기 위해 각고의 노력을 해야 한다. 절제해야 하는 것이 많다. 카드를 없애고 외식을 줄이고 교통비와 커피값도 아껴 지독하게 살겠다는 각오를 해야 한다. 노력과 희생 없이 이루어지는 것은 하나도 없다. 아무 노력 없이 결과물을 기대하면서 이제껏 살아 왔지 않는가? 오늘 걷지 않으면 내일은 뛰어야 한다. 알리바바그룹의 회장 마윈은 "오늘도 힘들고 내일은 더 힘들겠지만 모레는 아름다울 것이다."라고 했다. 노력 없는 결과물은 없다는 것을 상기하기 바란다. 원인이 있어 결과가 있다. 세부적으로 디테일하게 실천 가능한 작은 목표를 정하고 달성하라.

그렇게 500만 원을 모았다면 처음 한 단계 목표는 이루었다. 애쓴 당신에게 폭풍 칭찬을 해 주어라. 3,500만 원이 모일 때까지 원금에는 절대 손대지 말아야 한다. 돈이 조금 모이면 반드시 쓸 데가 생긴다. 그 유혹을 이겨야 한다.

다시 1,000만 원을 모으겠다고 목표를 세워라. 이미 500만 원의 목표를 달성했기 때문에 당신에게는 자신감이 있다. 그 자신감으로 매일 "나는 부자가 된다.", "나는 벤츠를 사겠다.", "나는 최고의 건물을 가지고 말테다.", "나는 10억 원짜리 집에서 산다.", "나는 타워펠리스에서 살 것이다." 등 당신이 가장 하고 싶은 일을 미친 듯이 외쳐라. 1,000만 원의 2단계 목표를 세우고 그 금액을 이루었다면 당신은 부자가 될 것이다. 이미 피나는 결심으로 가장 어려운 단계를 지나 왔기 때문이다. 이제 그 돈에 손대지 않고 나머지 3단계 목표인 2,000만 원만 모으면 된다. 이때쯤이면 당신 스스로 대견하고 뿌듯할 것이다.

이때부터는 투자에 대한 공부를 해야 한다. 시중에 나와 있는 수많은 부동산 관련 책을 보고 인터넷 유료 강의도 들으면서 어떤 곳에 투자를 해야 할지 알아야 한다.

3,500만 원을 모았다면 그 돈으로 투자를 해야 한다. 물론 투자금이 넉넉한 것은 아니지만 분명 수익을 낼 수 있는 돈이다. 일하지 않고도 돈이 들어오는 환경이 만들어졌다. 직장의 월급과 투자의 월세로 투잡이 된 것이다. 이렇게 만들어졌다면 당신 스스로 축하해 주기 바란다. 어려운 관문을 뚫고 나온 당신에게 박수를 보낸다. 최고의 투자자가 되기 위해서는 남들과 다른 최고의 노력이 있어야 한다. 열심히 하기보다 잘하는 것이 중요하다.

부동산 투자 1순위는 소형 아파트다

'마크맨슨넷'이라는 블로그에 "어른들이 30대에게 들려주고 싶은 인생의 조언들"이라는 제목의 글이 올라왔다. 다음은 그 글에 내가 부동산 선배로서 후배들에게 들려주고 싶은 말을 같이 적어 본 것이다.

1. 미적거리며 뒤로 미루지 말고 지금 당장 은퇴 뒤의 노후 준비를 시작하라.
   → 빠르면 빠를수록 좋은 것이 은퇴 준비다.
2. 젊다고 몸을 함부로 굴려 건강을 망치치 말고 지금부터 건강을 챙겨라.
   → 30대에 건강을 잃으면 인생을 잃는 것이다.
3. 자신을 존중하거나 보살피지 않고 더 좋게 만들 수 없는

사람들에게 귀중한 시간을 낭비하지 마라.

→ 부정적인 사람을 만나지 마라.

4. 자신이 관심을 갖거나 마음을 써야 할 사람들과 잘 지내고 잘해 줘라.

→ 부동산 투자에 관련된 긍정적인 사람들과 만나라.

5. 모든 것을 다 가질 수도 없고 다 잘할 수도 없는 법, 꼭 해야 할 것과 정말 잘하는 것 몇 가지를 목표로 정하라.

→ 꼭 해야 하는 부동산 투자로 목표를 정하고 집중하라.

6. 리스크를 두려워 마라. 30대는 도전해 보고 꺾이고 변화할 수 있는 충분한 나이다.

→ 부동산 투자의 실패가 두려워 머뭇거리지 마라. 실행해야 한다.

7. 자신의 성장을 위해 꾸준히 노력하고 자기계발을 게을리하지 마라.

→ 부동산 성공을 위해 공부하고 매일 자기계발서를 읽어라.

8. 삶이 그대를 속일지라도 슬퍼하거나 노여워 말고 그것에 익숙해져라.

→ 힘들어도 계속 직장에 다니고 월급을 받는 것에 만족하면서 월세를 받아라.

9. 가족과 함께하는 시간을 늘리고 가족에 투자하라. 가족은 충분히 그럴 만한 가치가 있다.

→ 가족 없는 행복은 없다. 가족을 위해 부동산에 투자하라.
10. 스스로에게 늘 친절하고 자아존중감을 잃지 마라.
→ 의식을 확장하고 잘된다는 믿음을 가져라. 끌어당김의 법칙대로 상상하라.

내가 30대일 때는 알지 못했듯이, 지금의 30대들도 나이가 들기 전에는 깨닫지 못할 수도 있다. 미리 알 수 있다면 실패하지 않겠지만 반대로 성공도 없지 않을까? 그래서 인생이 아니겠는가.

현명한 사람들은 한 발 앞서간 사람들이 남기고 간 소중한 경험을 받아들인다. 세상의 모든 일은 반복된다. 지혜의 왕 솔로몬은 "해 아래 새로운 것은 없다."라고 말했다. 부동산 투자도 마찬가지다. 먼저 투자해서 성공한 사람들의 조언을 그냥 흘려버리지 말고 숨어 있는 나의 투자심리를 자극해 주는 기폭제로 쓰기 바란다. 작은 욕망을 부추겨서 커다란 욕망을 만들어라. 그리고 그 욕망으로 확실한 목표를 만들어야 한다. 부자들의 조언을 듣고 실행하면 반드시 부자가 될 것이다.

분양권 중개를 하면 고객은 투자한 뒤 큰돈을 벌고 중개인은 수수료를 받는다. 내가 이 일을 시작하고 얼마 안 됐을 때 만난 한 고객은 나에게 수수료 주는 것을 아까워하며 말도 안 되는 금액만 주겠다고 했다. 나는 실랑이를 하다 더 이상 말하기도 싫어 수수료를 받지 않겠다고 했다. 그 고객은 내가 알려 준 정보로 투자를 해 단기간에 수천만 원을 벌었다. 나로서는 고객이 야속하고 양심 없게 느껴졌다. 속이 상한 나는 자금도 있겠다, 투자자가 되기로 했다. 스스로의 촉을 믿던 나는 적극적인 투자자가 되어 급매가 나오면 바로 사고팔면서 많은 차액을 남겼다. 그렇게 셀 수도 없이 투자를 했다. 사기만 하면 오르니 너도나도 분양권을 사려고 사무실로 몰려오던 꿈같은 시절이었다.

요즘은 점포 주택지는 물론이고 리모델링이 필요한 빌딩을 보고 있다. 서울의 매수할 땅은 점점 줄어들어 앞으로 10년 후면 돈은 둘째 치고 좋은 위치의 땅을 살 수 없게 된다. 리모델링이 필요한 건축물은 땅과 건물을 저렴하게 살 수 있다. 또 소액으로는 소형 아파트도 좋고 자금이 더 있다면 땅 지분이 많은 강남의 빌라도 좋다.

1인 가구가 늘어나다 보니 대형 평수는 인기가 없고 소형 평수가 빛을 보게 되었다. 소형 평수는 일단 전·월세를 놓기도 수월하고 매매도 수월하다. 예전에는 4인 가족이 살다가 아들이 결혼을 하면 식구가 한 명 더 늘어 5인 가족이 되고 아이를 낳으면 더 늘어나다 보니 집이 커야 했는데 지금은 4인 가족에서 결혼을 했건 안 했건 나이가 들면 분가하고 나중에는 부모만 남게 된다. 그러니 필요에 의해서 소형 아파트를 찾게 되고 대형의 몰락이 오게 된 것이다.

이런 현상은 앞으로도 계속될 것이다. 1인 가구는 생각보다 훨씬 빠르게 늘고 있다. 조금 더 지나면 도시에 사는 노인들도 1인 가구로 생활할 것이다. 그때가 되면 지금보다 더 소형 가구를 선호하게 될 것이다.

어느 날, 퇴근 준비를 하고 있는데 사무실로 김민수 씨가 들어왔다. 민수 씨는 대학 졸업 후 무역회사에 취직해서 평범하게 직장생활을 하고 있다고 했다. 그는 투자할 곳을 찾는다고 했다. 자금을 물어 보니 1억 5,000만 원이 있다고 했다. 나는 신분당선이 뚫리면 가격이 오를 수지 신정 주공아파트 1단지와 9단지, 그리고 전철역에서 거리가 조금 있는 현대아파트를 권해 주었다. 민수 씨는 그중 전철역과 가까운 주공 9단지를 마음에 들어 했다.

그곳은 낡긴 했지만 역세권에다 평수도 소형 15평이라 아주 똑똑한 선택이었다. 매매 가격은 2억 4,000만 원이고 월세는 2,000만 원에 75만 원이 나왔다. 나머지는 대출로 7,500만 원을 받아서 수수료와 취득세를 처리했다. 나는 민수 씨에게 일을 하지 않아도 이 아파트에서 매달 55만 원이 나올 것이며 2년 후에는 월세도 더 받고 가격도 오를 것이라고 했다. 2년에 한 번씩 오르면서 아마 평생 월급이 되어 줄 것이다. 2018년 3월 기준으로 매매 가격은 4억 원, 월세의 경우 보증금 4,000만 원에 80만 원으로 올랐다. 역세권이라 앞으로도 집값은 계속 오를 것이다.

부동산 고수들의 투자를 살펴보면 앞으로 시대가 어떻게 변할지에 주목하고 그것에 맞춰 투자를 선택하는 것을 알 수 있다. 2016년 9월 우리나라 총 인구는 5,166만 명이다. 그중 1인 세대는 34.8%다. 2인 세대는 21.3%, 3인 세대는 18.5%, 4인 세대는 18.7%, 5인 세대는 6.7%다. 1인 세대 연령별 분포를 살펴보면 50대 19.75%, 40대 17.5%, 30대 17.1%, 60대 14.9% 순으로 나타났다. 20~30대 비율이 낮은 것은 아마도 전입신고가 되어 있지 않아 반영이 안 된 것으로 보인다. 나머지 인구를 20~30대로 본다면 약 30%라고 할 수 있다. 이 표로 예측할 수 있는 것은 50대가 점점 늘어나는 1인 세대의 주축이라는 것이다. 경제적으로 취약한 50대는 이혼이나 별거로 혼자 사는 경우가 더 많아진다.

인구의 절반이 1~2인 세대다. 혼밥, 혼술, 혼맥 등 1인 가구 비율 증가는 TV만 봐도 알 수 있다. 무려 5년 만에 100만 가구나 홀로 됐다. 1인 가구는 지난해 기준 500만 가구를 넘어 섰다. 따라서 앞으로의 투자처는 크게 오르는 투자처가 아닌 매달 월세 받는 투자처가 될 것이다. 수익형 부동산이 투자처로 떠오를 것이다. 그중에서도 소형 아파트는 투자처로서 인기가 많을 것이지만 살펴야 할 것도 많다.

1. **가능한 한 전세가액이 매매가액의 80% 이상은 되어야 한다. 매매가가 2억 원이라면 전세가는 1억 6,000만 원 정도여야 하는 것이다.**

2. 위치를 봐야 한다. 전철역 주변이나 교통 환경을 봐야 한다. 가능하면 강남으로 가는 교통편이 있어야 한다.
3. 같은 값이면 전세 만기가 빨리 돌아오는 것으로 투자하라.
4. 원금 회수가 언제 될지 따져 보아야 한다.

부동산 투자로 소형 아파트가 인기 있는 이유는 월세도 받을 수 있지만 아파트 값이 오른다는 것에 있다. 1인 세대는 앞으로 더 늘어날 전망이다. KB금융경영연구소가 연소득 1,200만 원 이상 20~40대 1인 가구 1,500명을 대상으로 설문조사를 진행한 결과, 그중 70%가 혼자 사는 것에 만족한다고 대답했다. 앞으로도 계속 혼자 살겠다고 한 비중은 49.7%다. 60대 이상의 졸혼도 유행처럼 급속하게 퍼져 나갈 것이다. 이미 일본은 졸혼이 유행이 되었다. 이렇듯 점점 1인 가구가 늘어나면 더욱더 소형 아파트가 필요하기 때문에 부동산 투자 1순위도 소형 아파트가 될 수밖에 없다.

직장은 당신을 부자로 만들어 주지 않는다

시대는 변한다. 과거 먹고 살기 어려울 때 부모들은 논밭을 팔아 자식들을 교육시켰다. 자식들이 좋은 대학을 나와 번듯한 직장에 다니는 것이 부모들의 꿈이었다. 직장에 들어가기만 하면 평생 안정적인 삶을 살 수 있던 때였다. 지금도 대학 졸업 후 취업을 중요하게 생각하지만 직장이 모든 것을 해결해 주지는 못한다. 직장에 다니는 것만으로는 부자가 되지 못한다.

나는 졸업 후 지인의 소개로 면접을 보러 명동에 있는 KAL 빌딩에 가게 되었다. 호텔도 아닌 사무실 바닥에 양탄자가 깔린 곳은 그때 처음 봤다. 문을 열고 들어가려 하는데 문은 열리지 않고 경고음이 났다. 나는 첩보 영화에서 나올 법한 소리에 너무 놀랐다. 소리가 나니 누군가가 안에서 나왔다.

"어디서 오셨어요?"

"행당동이요."

긴장해서인지 우리 집이 있는 행당동을 말해 버렸다.

"행당동에서 왜 왔어요?"

"아, 네. 저 면접 보려고요."

당황해서 말도 제대로 못했지만 다행히 면접은 잘 보았고 회사에 입사하게 되었다. 행당동에서 왔다고 한 이야기는 두고두고 선배들의 웃음거리가 되었다.

그 당시 1주일에 2~3일은 야근을 했고 회식도 잦았다. 자기계발을 하거나 개인적인 시간을 보낼 수가 없었다. 회식도 회사일의 연장이라고 생각했고 빠지면 안 되는 줄 알았다. 그때 내가 다닌 회사는 외국계 회사였기에 월급이 다른 곳보다 많았다. 나는 월급으로 계를 들어 모은 돈으로 부동산에 투자하고 싶었다.

일찍 결혼한 친구가 잠실 시영아파트(지금의 트라지움아파트)에 살아서 그곳을 자주 가게 되었다. 친구는 그 아파트를 사고 싶어했고 나도 부동산에 관심이 많아서 같이 알아보고 다녔다. 어린 내가 보기에도 사 두면 많이 오를 것 같았다. 그래서 곗돈을 타면 모아놓은 돈과 합해 전세를 놓아 잠실 시영아파트를 사려고 엄마에게 의논했다. 그러나 그때 집안에 돈이 필요한 일이 생겼다. 어쩔 수 없이 그 돈을 엄마에게 모두 드렸다.

그 뒤 결혼을 하고 연년생으로 아이들을 낳았는데 갑자기 허리 디스크가 생겨서 움직이지도 못하고 오랜 시간 병마와 싸워야 했다. 친정엄마에게 두 아이를 맡기고 온갖 치료에 매달리는 시간이 많아지면서 인생에 대한 회의가 들었다. 친정엄마도 딸이 아프니 어쩔 수 없이 아이들을 보살펴 주셨다. 참 미안하고 감사한 일이다. 그때 엄마가 안 계셨더라면 어땠을까? 지금 생각해도 아찔하다. 허리가 아프고 보니 부자보다 건강한 사람들이 부러웠다. 허리만 아프지 않으면 행복할 것 같았다. 그때의 경험으로 아픈 사람들을 보면 위로하고 잘해 주고 싶다.

나는 허리가 어느 정도 회복되고 아이들이 학교에 입학하면서 부동산 일을 하기 시작했다. 처음에는 실장으로 들어갔지만 곧 내 사무실을 오픈했다. 오픈하자마자 부동산 붐이 일어 바쁜 나날을 보냈다. 점점 돈이 모이면서 투자에 눈을 뜨게 되었다. 투자를 하면 바로바로 돈이 눈덩이처럼 불어나니 금방 부자가 될 것 같았다. 나는 막연히 부자가 되고 싶다는 생각에 부자들을 관심 있게 살펴보았다. 투자로 돈을 많이 버는 것을 옆에서 보고 있으니 욕망이 더욱 커졌다. 투자도 작전이 필요하다. 나는 작전을 짜 놓고 모든 안테나를 그곳에 집중해서 많은 돈을 벌었다.

부자가 되고 싶다면 마인드를 바꿔야 한다. 모든 것이 그렇지만 투자에도 부정과 긍정이 공존하며 순간순간 선택을 해야 한다. 부정적인 면만 보면 투자하지 못한다. 긍정적인 마인드는 자신감에서 비롯되고 공부해야 얻을 수 있다.

당신에게 지금 필요한 것은 부동산 투자로 원하는 돈을 만들겠다는 열정과 꿈 그리고 목표를 가슴에 품고 계획을 세우는 일이다. 당신은 할 수 있다. 그리고 스스로 더 잘하게 하는 동기부여를 찾아야 한다. 어느 순간 부정적인 생각이 들 때면 바로 긍정을 택하는 순발력도 있어야 한다. 미적거리며 뒤로 물러서지 마라. 당신의 가치는 당신이 알아주고 지켜야 한다. 당신을 부자로 만들어 줄 당신의 꿈, 열정, 확실한 목표를 정하고 이룰 수 있다는 믿음을 가져라.

나는 예전에 힘들 때마다 론다 번의 《시크릿》을 읽었다. 이 책에는 '끌어당김의 법칙'이라는 말이 나온다. 목표를 정하고 그 목표의 끝에서 생각하라는 법칙이다. 모든 일은 생각한 대로 이루어진다. 생각하지 않고 산다면 어제처럼 내일을 사는 것이다. 부자들의 공통점은 바로 이 끌어당김의 법칙을 이용하고 있다는 것이다. 목표를 정하고 항상 그 목표를 이루려 생각한다. 자연스럽게 상상을 하고 현실이 되는 것이다.

내가 벤츠를 사겠다고 생각하고 벤츠를 타는 상상을 오랫동안 하면 그 끌어당김으로 벤츠를 사게 된다는 것이다. 벤츠를 타는 상상을 하면 어떻게 벤츠를 살지 고민하게 되고 그것을 사기 위해 행동하게 된다. 뇌는 사실인지 상상인지 알지 못하고 생각하는 대로 가려고 한다는 것이다.

나는 어렵고 힘들었던 그때 이 책을 믿고 실천했어야 했다. 두려움과 공포로 떨고 있을 것이 아니라 내가 성공하는 상상을 하고 성공을 위해 해야 할 일들을 묵묵히 했어야 했다. 지금은 매일 아침저녁으로 끌어당김의 법칙을 사용하고 있다. 내가 원하는 것을 머릿속에서 마음껏 상상하고 그 상상이 현실이 된다는 믿음을 가지고 있다.

고(故) 김영삼 대통령도 중학교 때부터 종이에 '나는 20년 후 대한민국 대통령이 될 것이다'라고 써서 책상 위에 붙여놓았다고 한다. 그는 20년 동안 매일 그 글자를 보며 대통령이 되는 상상을 했을 것이고 실제로 대통령이 되었다. 오프라 윈프리도 '나는 무엇이든지 크게 될 것이다'라고 생각했다고 한다. 밑바닥 환경에서도 항상 크게 된다는 생각을 잊은 적이 없다고 했다. 마하트마 간디 역시 "인간은 생각의 결과물일 뿐이다. 그가 생각하는 것이 바로 그가 될지어다."라고 했다. 우리는 우리가 생각하는 대로 된다. 이밖에도 '시크릿'을 증명하는 많은 성공자들이 있다. 부자가 되고 싶으면 부자들이 하라는 대로 해 봐야 한다.

미국 루이빌 대학의 심리학과 교수인 클리포드 쿤 박사는 웃음박사로 알려져 있다. 의학적으로 우리의 뇌는 진실이 무엇인지 모른다고 한다. 진실로 행복해서 웃는 웃음과 그냥 억지로 웃는 웃음을 구별하지 못한다는 것이다. 그래서 진짜로 웃든 가짜로 웃든 엔도르핀은 똑같이 나온다고 한다. 뇌는 우리가 생각하는 것이 현실인지 가상인지 모른다. 뇌는 생각하는 대로 기억을 하는데 매일 내가 되고 싶은 것을 생각하면 그것을 현실로 받아들여 그 길로 가고 싶어 한다는 것이다. 나는 이 말에 동감한다.

나는 아침에 눈을 뜨면 침대 위에서 기도를 한다. 감사기도를 하고, 내가 원하는 기도제목으로 기도를 한다. 또 내가 되고 싶은 가상의 세계를 그려 본다. 아침에 눈을 뜨고 처음으로 하는 행동은 내 의식 속에 잠재해 있게 된다. 그 의식은 그날 종일토록 내 무의식에 있다.

직장은 당신을 부자로 만들어 주지 않는다. 당신 스스로 부자가 되어야 한다. 직장에 다니면서 부자가 되는 방법은 많다. 그 첫 번째가 부자가 되겠다는 각오를 하는 것이다. 다른 사람들처럼 나도 부자가 되어서 내 가족들이 하고 싶어 하는 것들을 마음껏 하게 해 주겠다는 확실한 목표가 생겼다면 부자가 되는 길로 들어선 것과 다름없다.

당신의 미래를 책임져 줄 부동산에 투자하라

　나는 첫아이를 임신했을 때 교육보험을 들었다. 그 보험을 시작으로 참 많은 보험을 들었다. 보험 영업을 하는 친지의 권유도 있었지만 불확실한 미래를 조금이나마 보장받으려는 마음이었다. 25년 전 아이가 태어나기 전에 든 교육보험료는 월 52,000원이었고 보험기간이 끝나는 25세 때 6,500만 원을 준다고 했다. 그런데 기준금리가 내리다 보니 실제 받은 금액은 1,500만 원 정도였다. 25년 전 6,500만 원은 20평 아파트를 사고 남을 금액이었다. 하지만 1,500만 원은 어디에 썼는지 표도 나지 않는 금액이 되었다. 미래를 책임져 줄 것이라 생각해서 보험을 많이 들었지만, 결과는 허탈함뿐이었다. 물론 사고를 당할 때를 대비하는 것이 보험이지만 지금 생각해 보니 적절한 포트폴리오가 필요했다.

부모는 누구나 아이의 미래를 생각한다. 내 아이의 미래가 탄탄하기를 원하면서 교육시키고 그 교육을 더 잘 받게 하기 위해서 사교육도 시킨다. 자신에게는 10만 원도 쉽게 쓰지 못하면서 아이들 교육을 위해서는 100만 원도 아낌없이 쓰는 것이 대한민국의 부모들이다.

나 또한 둘째가라면 서러울 정도로 아이들을 위해 아낌없이 투자했다. 아이들의 교육에는 '때'가 있다고 생각했고 그에 알맞은 교육을 시키려고 했다. 아이들에게 선진 교육을 받게 하려고 캐나다 유학을 보내기도 했다. 생각보다 돈이 많이 들어 벅차긴 했지만 수입이 많을 때라 계속해서 지원을 아끼지 않았다.

그러다 유학 중반기쯤 금융위기가 찾아왔다. 위기는 준비하지 못했을 때 오기 때문에 이성을 찾을 수 없게 된다. 비교적 차분하고 이성적인 나도 이때만큼은 뇌가 정지된 듯 어떤 생각도 할 수가 없었다. 투자 물건이 많아 그 개수만큼 고통으로 돌아왔다. 내가 가진 모든 것을 내려놓아야 하는 때가 왔다.

나는 모든 것을 다 잃어버려도 아이들의 교육만큼은 포기할 수 없었다. 그래서 나에게 닥친 역경이 더욱 힘들었다. 매일 은행의 독촉전화로 벼랑 끝을 걷는 것 같았다. 손을 내밀어 도움을 청할 데도 없었다. 누구에게도 도움을 받아 보지 못해서 청할 줄도 몰랐다. 나는 그때까지 느껴보지 못했던 부정적인 모든 감정들, 즉 불안, 초조, 강박, 공포 등을 느꼈고 세상에 혼자인 듯한 외로

움과 앞으로 닥칠 일들로 너무나 두려웠다. 그렇게 버티면서도 지키고 싶었던 것은 아이들의 교육이고 미래였다. 하지만 상황은 좋지 않았다.

2011년 나의 아들 남호가 미국의 유명대학교에 합격했다. 멀리 캐나다에서 부모 없이 홈스테이로 지내느라 마음고생이 심했을 텐데 공부까지 열심히 해 줘서 고맙고 짠했다. 더욱 미안한 것은 금융위기 때의 여파로 미국 유학비를 감당하기에는 아직 사정이 좋지 않았다는 것이다. 기대에 가득 찬 아들에게 미국 대학을 보내 줄 수 없다고 말하기가 힘들었다. 시간만 끌다가 등록금을 내야 할 때가 되어서야 사실대로 털어 놓았다.

"남호야, 네가 미국 대학에 합격해서 엄마도 정말 기뻐. 그런데 미안하지만 엄마가 네 유학비용을 감당하지 못할 것 같아. 네가 얼마나 미국에 가고 싶어 하는지 알지만, 지금 형도 캐나다에서 대학을 다니고 너까지 미국에 가면 엄마가 너무 힘들 것 같아. 그래서 엄마는 네가 한국 대학에 들어가면 어떨까 생각해. 그 정도는 해 줄 수 있어."

남호는 한참 동안 고개를 숙이고 있다가 알겠다고 하면서 힘없이 자리를 떴다. 그 모습에 가슴이 찢어지듯 아팠다.

남호는 한국에서 좋은 대학 여러 곳에 합격했는데, 그중에는 4년 전액 장학금을 주기로 한 곳도 있었다. 속 깊은 남호는 장학금을 주는 학교로 최종 결정했다. 그리고 "엄마, 저는 캐나다에 유학을 다녀온 것만으로도 엄마에게 너무 고마워요. 정말 좋은 곳에서 최고의 교육을 받았어요. 그것만으로 충분해요."라면서 오히려 나를 위로했다.

칠흑 같은 어두운 시간이었지만 다행히 부동산 중개일은 바빠지기 시작했다. 비록 내가 가진 분양권을 분양가 이하 마이너스로 팔긴 했지만 어느 정도 돈이 회수되었다. 또 다시 일에 집중하고 수지를 기점으로 주변의 신도시와 지방의 혁신도시 등을 돌며 열정적으로 미친 듯이 일했다. 적으나마 종잣돈이 생기면서 또 다시 투자를 했다. 부동산이 아니었다면 다시 일어서기 힘들었을 것이다. 서서히 안개가 걷혀나가면서 죽을 만큼의 시련을 딛고 나는 다시 새롭게, 강하게, 힘차게 일어서기 시작했다.

나는 위기를 겪은 후 부동산 투자의 기법을 달리 했다. 또한 내일은 나아질 것이라는 막연한 기대감이 아닌, 반드시 성공하겠다는 각오도 했다. 강한 욕망이 강한 열정으로 되살아나면서 확실한 목표를 세우게 되었다. 그러면서 집중적으로 부동산 공부를 했다. 사무실에서 하루를 바쁘게 보내고 집에 돌아와 열심히 공부했다. 더 이상 잘못된 선택으로 뒤늦은 후회를 하지 않기 위해서였다. 공부하려고 마음먹으니 배울 것이 너무 많았다. 그래도 아직 아이들이 어리니 더욱 단단히 마음을 먹게 되었다. 내가 건강한 몸과 마음으로 잘 버텨야 아이들이 안전하게 교육받고 밝은 미래를 꿈꿀 수 있다는 것을 뼈저리게 느꼈다.

나의 초등학교 동창인 연숙이는 고등학교를 졸업하고 바로 결혼했다. 남편은 직장생활을 했지만 얼마 못가 사표를 내고 장사를 하기 시작했다. 처음에는 음식 장사로, 그다음에는 다른 업종으로 바꾸었지만 결과는 매번 실패였다. 생활은 힘들어지고 빚은 늘어났으며 부부싸움은 계속되었다. 견디다 못한 연숙이는 아이들을 맡으며 이혼했다. 두 아이를 대학까지 공부시킬 때까지의 고생은 말할 것도 없었다.

어느 날, 저녁을 먹고 TV를 보는데 드라마 속에서 자식들이 병든 엄마를 서로 못 모시겠다고 하는 장면이 나왔다. 연숙이는 무심히 "저러면 안 되지."라면서 그동안 자신이 얼마나 힘들게 아이들을 키워 왔는지 이야기했다. 그러자 연숙이의 아들은 "엄마가 고생한 것은 알지만 병이 들면 어떻게 해요. 요즘 누가 시어머니를 모셔요. 요양원으로 가야지." 하더란다. 그녀는 뒤통수를 얻어맞은 것 같은 충격에 배신감까지 들었다. '어떻게 내 아들 입에서 저런 소리가 나오지? 내가 아들 교육을 잘못 시켰구나!'라는 생각에 너무 섭섭했단다.

연숙이는 하루를 가만히 누워서 곰곰이 생각해 보았다. 아들은 엄마가 고생하는 것을 지켜보았기 때문에 엄마를 잘 모시고 싶겠지만 요즘 어떤 며느리가 병든 시어머니를 좋아하겠냐는 뜻으로 이야기했을 거란 생각이 들었다고 한다. 그렇게 마음을 다스리니 그동안 혼자인 엄마로 인해 아들이 부담스러웠을 것 같다는 생각이 들더란다. 그러면서 아들에게 그런 부담을 준 것이 미안해졌다고 한다. 자식에 대한 엄마의 마음은 끝이 보이지 않는다.

어느 날, 연숙이가 나에게 "나 좋은 남자 좀 소개시켜 줘."라고 말했다. 이혼 후에는 남자라면 지긋지긋하다고 항상 말해 왔기에 놀라서 물었다.

"남자는 다 싫다며? 이제 와서 무슨 남자 소개야."

"내가 시집이라도 가야 우리 아들이 부담이 없을 것 같아."

"아니, 그동안 아들을 위해서 평생 고생만 했는데 이제는 아들을 위해서 시집도 가야 하니?"

나는 어이없다는 듯이 말했다. 부모 노릇 하기 힘들고 처량하다는 생각이 들었다. 연숙이만 그런 것이 아니다. 내가 스스로 준비하지 못하면 자식들에게 걱정과 부담을 준다. 젊었을 때부터 미래를 준비해야 한다.

모든 부모들이 아이들의 미래를 위해 열심히 살았을 것이다. 그러나 아이들이 성인이 되어 곁을 떠났을 때, 자신의 미래를 위해 무엇을 준비했는지 생각해 보아야 한다. 아이들의 교육만을 위해 모든 것을 바치면 자신의 미래를 위해서는 무엇 하나 준비할 수가 없다. 내 노후도 아이들 교육만큼 중요하다. 사교육을 많이 시킨다고 좋은 교육을 하는 것은 아니다. 나의 미래가 아이들의 또 다른 미래라는 것을 알아야 한다.

나는 이제 나의 미래를 준비하려 한다. 인생 제2막을 누구보다 화려하게 즐기며 충만하게 살 계획이다. 만족스러운 인생을 살 것이며 동기부여가로서 사람들을 도와 나와 같은 성공의 인생으로 이끌어 주는 일을 할 것이다. 내가 계획하고 있는 것은 부동산 사무실의 경영 노하우를 교육하는 장을 여는 것이다.

당신의 미래를 책임져 줄 수 있는 것에는 무엇이 있는지 생각해 보기 바란다. 그것을 위해서 지금 무엇을 할 것인지도 생각해 보기 바란다. 미래를 예측하고 대비해야만 한다. 자식의 미래만 생각한 나머지 나의 미래를 준비하지 않으면 결과적으로는 자식에게 부담만 줄 뿐이다. 그때 가서 아이들에게 너의 미래를 위해 나의 미래를 준비하지 못했다고 변명해도 해결되는 것은 없다. 지금이라도 미래를 준비해야 한다. 아이들 사교육비를 조금이라도 줄여서 종잣돈을 만들고 그 종잣돈으로 월세가 나오는 부동산에 투자해야 한다. 사교육은 선택이지만 부동산 투자는 필수다. 다달이 나오는 월세로 자식들 앞에서도 당당해질 수 있다.

2

부동산 공부에 목숨 걸어라

신혼부터
부동산 투자를 공부하라

사람들은 부동산 투자를 하려면 돈이 많아야 한다고 생각한다. 수억 원은 있어야 투자를 할 수 있다고 생각하기 쉽다. 물론 돈이 많으면 선택의 폭이 넓어지는 것은 사실이다. 하지만 수천만 원만 있어도 누구나 부동산 투자로 성공할 수 있다. 금액보다 더 중요한 것은 생각과 행동이다.

내 친구의 조카 미진이는 2014년 결혼했다. 시댁에서 1억 5,000만 원에 전세 집을 얻어 주었다. 두 사람은 맞벌이를 하는 주말부부였다. 하지만 주말에도 결혼식이니, 시댁 방문이니 하며 그 집에 머무는 시간은 많지 않았다. 미진이는 그 집에 혼자 있는 것이 아깝다는 생각이 들었다. 남편에게 이 집에 혼자 사는 것보다 친정에 살면서 그 돈으로 투자를 하면 어떻겠냐고 물었고 남편도 흔쾌히 승낙했다. 그 뒤 나에게 전화를 했다.

나는 서울 위례 신도시 분양권을 사라고 했다. 서울에는 새 아파트가 없고, 강남과 가까운 위례 신도시는 입주가 끝날 즈음 오를 것이라고 판단했기 때문이다. 그런데 분양권을 사고 난 후 빠르게 오르지 않는 것이었다. 나는 마음이 좋지 않았다. 다행히 1년이 지나고부터 위례 신도시 분양권이 오르기 시작했다. 미진이는 2016년에 입주했는데 그 당시 1억 5,000만 원이 올랐다. 미진이는 팔고 다른 곳에 투자하고 싶다고 했지만 나는 그때 팔면 양도세 문제가 있기 때문에 더 가지고 있자고 했다. 지금은 약 6억 원이 오른 상태다. 이렇게까지 많이 오를 것이라고는 나도 미처 생각하지 못했다. 그 후 미진이는 웃으며 나에게 모든 것을 맡기겠다고 했다. 나는 추후 집을 팔고 더 큰 목표를 향해 나가자고 했다. 내 머릿속에는 이미 미진이에게 소개해 줄 곳이 그려져 있다. 아마 미진이 부부는 평생 나에게 고마워할 것이다.

나는 아이들이 초등학교를 마칠 때 캐나다로 유학을 보냈다. 아이들이 공부를 잘해서 좋은 대학을 나와 좋은 곳에 취직하기를 바랐다. 그래서 캐나다로 갔지만 그곳에서도 한국과 똑같이 학원을 보내고 과외를 시켰다. 지금 생각해 보면 캐나다의 질 좋은 교육을 연구해서 그 점을 본받고 아이들에게도 교육시켜야 했다. 선진국에서 더 크고 넓게 생각하는 힘을 길러 주었어야 했는데 나는 미련하게 오직 학업 성적만 생각했다. 다행히 두 아들은 엄마를 잘 따라 주었지만 아쉬움이 많이 남는다. 또 한 가지 캐나다에서 살면서 느꼈던 아쉬운 점이 있다. 그것은 캐나다와 한국의 결혼식 풍경이다.

캐나다에 살 때 앞집의 젊은 엄마 케이시를 보면서 느낀 점이 많았다. 케이시는 일곱 살과 세 살의 남자 아이 둘을 둔 워킹맘이다. 하루 종일 바쁜 케이시지만 항상 빵과 과자를 직접 구워 아이들에게 먹인다. 그녀의 부지런함은 상상을 초월한다. 하지만 주말마다 자동차 안의 쓰레기를 줍고 쿠션을 정리하고 진공청소기로 먼지와 흙을 청소하는 일은 큰아들의 몫이다. 그녀는 그 보상으로 1달러를 준다. 캐나다의 엄마들은 아이들이 어렸을 때부터 집안일을 돕도록 하고 용돈을 준다. 그리고 그 돈을 저축하도록 한다. 그것이 그들의 교육 방법이다.

우리나라 못지않게 캐나다도 자녀교육에 열성인 부모들이 많다. 다만 초점이 다를 뿐이다. 캐나다는 아이가 18세, 즉 성인이 되면 부모로부터 독립해 사회의 일원으로서 손색이 없도록 교육시키는 것을 목표로 한다. 반면 우리나라는 좋은 대학에 보내는 것이 목표다. 목표가 다르니 교육방법도 다를 수밖에 없다.

케이시는 남편과 대학에서 만나 결혼했다. 대학 때는 1년 공부하고 1년 휴학하고 일하면서 7년에 걸쳐 졸업했다(캐나다의 많은 대학생들은 대부분 직접 학비를 해결해야 해서 이런 식으로 다니는 학생이 많다). 결혼식은 교회에서 했으며, 가족들과 가까운 친구들이 참석했다. 부모님은 동부에 살고 있어서 밴쿠버까지 비행기를 타고 와야 했는데, 케이시가 티켓을 사서 보내 드렸다. 결혼식 전날에서야 부모님이 도착했으며, 결혼식을 위한 모든 준비는 부모님의 도움 없이 케이시가 직접 했다. 신혼살림은 다운타운 근처의 투룸 월세로 시작했으며, 계속해서 맞벌이를 하면서 지냈다. 아이들이 태어나고 대출을 받아 주택으로 이사를 온 것이다.

이것이 캐나다의 일반적인 결혼 풍경이다. 반면, 우리나라는 신랑, 신부보다 그들의 부모가 혼주 노릇을 하며 행사를 주도한다. 결혼식의 손님들도 주인공인 신랑, 신부보다 양가 부모의 손님이 더 많은 경우가 대부분이다. 특히 손님이 많고 적음으로 사회생활과 인간관계를 추측하는 경우가 많다 보니 주위의 아는 사람들을 모두 결혼식에 초대한다. 지인이 별로 없는 경우에는 가족이나 친구 행세를 해 주는 아르바이트를 고용하기도 한다. 그렇다 보니 식장 대여비, 음식값, 꽃값 등 결혼식에만 수천만 원이 소요된다.

이렇게 화려한 결혼식을 치르고 나서 후회하는 신혼부부가 많다고 한다. 단 한 번뿐인 소중하고 신성한 결혼식인데, 행복한 기억으로 남는 것이 아니라 누군지도 모를 손님을 맞이하며 정신없이 진행되는 식순을 허겁지겁 따라갈 뿐이다.

그래서 요즘 유행하는 것이 스몰웨딩이다. 연예인들이 작은 장소를 빌려 가까운 사람들만 초대해 조촐한 결혼식을 올리는 것이 주목받기 시작하면서 점차 퍼져나가고 있다.

나는 신혼부부들에게 이렇게 결혼식 비용을 아껴 투자의 종잣돈을 만들라고 권하고 싶다. 아이가 태어나기 전에는 지출이 많지 않다. 맞벌이를 하면 더욱 빨리 종잣돈을 모을 수 있다. 그렇게 만들어진 종잣돈으로 어떻게 투자할 것인지 부부가 머리를 맞대고 공부하고 토론하면서 재테크를 시작한다면 분명히 부자가 될 소지가 많다.

신혼부부일 때 재테크의 첫 단추를 낀다면 다른 사람보다 앞서 출발점에 서게 된다. 신혼부부뿐만 아니라 아직 노후 준비를 시작하지 않은 직장인들도 마찬가지다. 월급을 받으면서 월세도 받는 소액 투자를 시작해 두 마리 토끼를 잡아라. 부동산 없는 부자는 아직 보지 못했다.

부동산 투자는 특별한 사람만 성공하는 것이 아니다. 처음 시작하는 신혼부부도 성공할 수 있다. 자신에게 가장 잘 맞는 부동산 투자 방법만 찾으면 된다.

부동산 공부가 최우선이다

　부동산 열기가 뜨겁던 2016년 여름, 우리 부동산을 찾아온 고객이 있었다. 다른 지역의 분양권에 투자를 했는데 잘한 것인지 알아봐 달라고 했다. 같은 골프연습장을 다니는 친구가 산 분양권이 많이 올라 본인도 따라 샀다고 했다. 여기까지만 들어도 나는 이 분양권을 잘 산 것이라고 말할 수 없었다. 게다가 일단 서울도, 우리 지역도 아닌 지방 신도시 분양권이라 자세하게 알 수 없으니 모른다고밖에 할 수 없었다. 내가 그 지방에 대해서 공부하지 않았으니 모르는 것이 당연하다.

　보통 주부들이나 워킹맘은 여러 분류의 사람들을 만나게 된다. 학부모 모임, 동창 모임, 동료 모임 등 필요와 친분에 의해서 만난다. 그중에는 분명히 부동산에 관심이 많은 사람들이 있고 그들의 성공담을 들을 수밖에 없다. 실패담은 잘 이야기하지 않으니 들을 수도 없다.

"신도시 분양권을 권리금 5,000만 원 주고 샀는데 사자마자 7,000만 원이 되더니 6개월이 지난 지금 1억 원이 됐어요. 지금도 부동산에서 매일 팔라고 전화가 불이 나요."

한껏 흥분해서 이야기하면 옆에 있던 사람들은 뭐라도 도움을 받거나 정보를 얻기 위해 그 사람 가까이 붙어 앉아 질문을 쏟아낸다.

"어디 아파트 분양권을 샀는데요?"

"분양가는 얼마에요?"

"앞으로도 계속 오를까요?"

"얼마까지 오른대요?"

여기저기서 질문들을 쏟아내고 답을 하는 사람은 갑자기 대한민국 경제 전문가가 되어 버린다. 그렇게 모임이 끝나고 집에 돌아오는 길은 생각이 많아진다.

'5,000만 원이 올랐다고?'

'5,000만 원이면 당장 우리 집 형편이 좋아질 텐데…'

다음날 남편과 아이들이 나가면 신도시 부동산에 전화를 걸어 물어 본다.

"사모님, 빨리 오세요. 지금 물건이 없어요. 마침 한 분이 시세보다 저렴하게 팔겠다고 하시니 놓치기 전에 계약하세요."

사실 가격이 올라가면 매도자는 매물을 거둬들인다. 물건이 없어지니 부동산 중개인의 마음도 급해진다. 어느 부동산에 전화를 걸어도 비슷하게 말하니 마음은 벌써 계약서에 도장을 찍었다. 꼭 계약은 안 하더라도 한번 알아볼까 하는 마음에 부동산에 간다. 방문하는 부동산마다 바쁘고 다른 고객들이 계약서를 쓰는 모습을 보게 된다. 그러면 괜히 마음이 급해져서 물건이 없어지기 전에 빨리 확보해야겠다는 마음으로 덥석 분양권 계약을 한다.

나는 부동산 중개를 20여 년째 해 오면서 이런 분들을 많이 만났다. 그들의 결과는 어땠을까? 다른 경우도 있지만 일단 사고 나면 조금 오르기는 한다. 9,000만 원에 샀다면 1억 원, 더 오른다면 1억 1,000만 원까지 오를 수도 있다. 그러나 계속해서 오르지 않는다. 단기간 내에 많이 오른 부동산은 계속해서 오를 수 없고 조정기를 거쳐야 다시 오르는데 그 조정기가 문제다. 조정기가 짧다면 다행이지만 조정기가 길어지면 금액이 내려가지 않아도 잘못 투자한 것이 되기 때문이다.

부동산 투자는 여자들이 많이 한다. 분양권과 아파트는 특히 그렇다. 일단 시간적으로도 남자에 비해 여자가 여유가 있기도 하지만 여자들의 정보력과 순발력, 그리고 자금 확보력을 남자들은 따라가지 못한다. 여자 혼자 와서 부동산을 사는 경우는 있어도 남자 혼자 오는 경우는 드물다. 남자는 계약을 할 때 부인에게 전화로 허락을 받지만 여자들은 일단 계약하고 집에 가서 남편에게 통보한다. 남자 고객들은 이성적이고 분석적이며 예리하게 단점을 보고 잘 따진다. 지나친 신중함으로 좋은 물건을 놓치는 경우가 많다. 여자 고객들은 남편과 같이 오지 않고 투자 동료인 여자들끼리 온다. 그리고 백화점에서 쇼핑하듯 분양권을 사기도 한다.

신현숙 씨도 그런 경우다. 그녀가 처음부터 남편을 소외시킨 것은 아니다. 우리 사무실에서 좋은 물건을 소개했지만 남편이 단점만 보고 반대해서 사지 못했다. 그런데 그 물건은 예상대로 많이 올랐다. 두 번째로 소개한 물건도 현숙 씨의 남편이 냉철하고 이성적인 판단으로 단점을 찾아 반대했다. 이번에도 가격이 많이 올랐다. 현숙 씨의 참을성은 한계에 이르렀고 더 이상 반대하다간 이혼도 불사할 것 같은 노여움을 남편에게 퍼 부었다. 그 후로 그녀는 남편과 오지 않고 친구들과 같이 왔다.

국제 금융위기였던 리먼 사태 이전에는 국내 부동산 그래프와 정책에 따라 가격이 오르고 내리는 것을 예측할 수 있었지만 리먼 사태 이후에는 달라졌다. 미국 금리 인상이 무엇보다 중요하게 되었고, 세계 경제와 유럽의 동향 등에 우리나라 부동산이 반응하게 되었다. 따라서 부동산 투자를 결정하면 우선 공부를 하겠다는 마음가짐이 중요하다. 우리나라 부동산이 현재 어느 위치에 있는지 점검하고 어디에 투자해야 하는지 정하는 것이 중요하다.

그리고 왜 그 위치가 투자 대상이 되는지 공부해야 한다. 그 위치에서 내가 투자할 것이 무엇인지도 알아야 한다. 대부분의 사람들이 분양권을 투자 대상으로 보면서도, 실거주도 할 수 있기 때문에 '안 오르면 내가 들어가서 살지'라는 마음으로 쉽게 생각한다.

나는 고객들이 부동산에 오면 먼저 전체적인 브리핑을 하고 세부적으로 투자할 곳을 제시한다. 그리고 부동산 공부를 충분히 하라고 하면 대부분의 고객들은 어리둥절해한다. 부동산 투자는 큰 금액이 들어가기 때문에 충분한 공부가 필요하다는 사실을 모르기 때문이다.

대학에서 부동산학을 전공하려면 등록금이 만만치 않다. 학원을 다니려 해도 최소 수십만 원에서 최대 수천만 원대로 다양하다. 인터넷이 발달하고, 부동산 중개인들도 블로그나 카페 등을 운영하고 있어 마음만 먹는다면 공짜로 쉽게 정보를 얻을 수 있는 요즘, 이렇게 비싼 수업료를 내고 공부하는 사람들이 있다. 왜 그럴까? 그들은 부자로 성공하고자 시간을 단축하려는 것이다. 더 큰돈을 벌기 위한 비법을 전수받기 위해 돈을 들이는 것이다. 자신에게 투자해 공부한 사람만이 성공으로 가는 길을 정확하게 안다.

사정이 여의치 않다면 관련 서적을 읽어라. 전체적인 경제동향에 관한 책, 부동산 흐름에 관한 책, 내가 사려고 하는 투자 지역에 관한 책 등 여러 권의 책을 구입해서 공부하라. 그다음 현장 공부는 필수다. 그림으로만, 생각으로만 투자하면 안 된다. 여러 번 현장을 둘러보고 현장 주위를 살펴보는 공부를 꼭 해야 한다.

나는 부동산 중개 일을 하기 때문에 항상 최고의 공부를 한다. 뿐만 아니라 부지런히 책을 읽고 현장 방문도 여러 번 한다. 현장 주위도 살펴보고 각 도시의 개발계획도 공부한다. 시청이나 관공서에 들러 확인하고 LH나 도시공사에 관한 자료를 조사하며 수시로 질문하고 답을 찾는다. 그렇게 해야만 큰 흐름을 알 수 있고 고객에게 막힘없이 정확하게 설명할 수 있기 때문이다. 고객 중에는 확실하게 어디에서 무엇을 살 것이라고 정해서 오는 사람도 있지만, 막연히 오는 사람도 있다. 그런 사람들에게 올바른 방향을 제시해서 오르는 곳에 투자하도록 해야 한다. 그래야 그분들이 진정한 내 고객이 되기 때문이다.

내 고객들 중 많은 분들이 광교, 동탄 등에서 내가 권해 주는 물건으로 상당한 이익을 보았다. 그들은 나를 잘 알기에 내 브리핑을 듣고 계속해서 투자한다. 내 돈이 들어가는 내 투자다. 그렇기에 일단 내가 알고 있어야 한다. 공부하지 않고 주위 사람들 말만 듣고 투자하면 실패할 가능성이 높다. 다른 사람이 사서 올랐다고 무턱대고 따라 사지 말고 내가 산 뒤에도 계속 오를 것인지는 스스로 공부해야 알 수 있다. 부동산 중개인이면서도 공부하지 않는 사람들이 많다. 공부하지 않고 어떻게 누군가에게 투자를 권할 수 있으며 그 투자가 올바르게 될 것인가?

공부도 습관이다. 초·중·고·대학까지 공부했으니 이젠 안 하고 싶다는 고객들도 많다. 학교 공부와 투자 공부는 다르다. 투자 공부를 한다면 100만 원을 투자해서 1,000만 원의 이익을 보게 된다.

당장 돈이 없다면 책으로 먼저 부자들을 만나라. 그 부자들은 과연 어떻게 투자를 했고, 어떻게 부자가 되었는지, 또 주의해야 할 점은 무엇인지 알 수 있다. 물론 경험으로 또는 부동산 중개인의 권유로 투자해서 부자가 된 사람도 많다. 그러나 생각해 보면 부동산 공부도 하지 않고 부동산을 매입하는 것은 어불성설이다. 공부하지 않는 부자는 별로 없다. 부자가 되려면 부자들을 따라 해야 한다. 부자에 대해 공부해야 한다. 이것이 최우선이다.

목적을 분명히 알고 공부하라

　2002년 6월 4일은 한국 축구 역사에 길이 남을 월드컵 본선 첫 승의 명승부를 이룬 날이다. 그날 대한민국은 열광했다. 나도 남편과 부둥켜안고 좋아했다. 대한민국 축구가 월드컵에서 승리하게 되기까지는 한 사람의 리더십이 있었다. 바로 거스 히딩크 감독이다. 그는 리더의 역할이 얼마나 중요한지 알려 주었다.

　히딩크는 한국 축구의 잠재력을 보고, 그것을 깨워 역량을 발휘하도록 이끌었다. 그는 "확실한 목표를 세우고 원칙을 지키며 선수들의 기를 살려 주었다."라고 말했다. 이는 그동안 명문 팀들의 감독직을 수행하면서 지켜 온 그만의 원칙이다. 히딩크의 리더십에 감동한 기업들은 그를 벤치마킹해 기업에 그대로 적용했다.

　히딩크의 철저한 원칙은 축구나 기업뿐만 아니라 모든 영역에

접목될 수 있다. 나는 그것을 부동산에 접목시켰다. 부동산 중개에서 1등을 하겠다는 목표를 세웠다. 매일 제일 먼저 출근하고 가장 늦게 퇴근했다. 가끔 사무실에 혼자 있다가 화장실에 갈 때에는 문을 열어 놓고 갔다. 문이 잠겨 있으면 고객이 그냥 돌아가기 때문이다.

나는 출근해서 청소도 하기 전에 그날 공동 중개할 물건을 올려놓는다. 부동산 중개사무소에는 서로 물건을 공유하는 프로그램이 있다. 물건이 올라오는 순서대로 공개되기 때문에 빨리 올릴수록 유리하다. 오후에는 어제 매물이 어느 부동산 중개사무소에서 팔렸는지 확인한다. 새로운 물건이 나왔는지도 확인한다. 그것을 어떻게 알 수 있느냐고 물어보는 중개인들이 있다. 공유 사이트를 연구하고 밤낮 구분 없이 들여다보면 알 수 있다.

남들과 다르게 해야 하는 것은 그뿐만이 아니다. 지금처럼 개인정보 수집에 예민하지 않았을 때는 아파트 단지 내에 세워져 있는 자동차에 적힌 전화번호를 수첩에 적어 일일이 전화를 걸고 몇 동 몇 호에 사는지 확인해 놓기도 했다.

또 예전에 우리 사무실에서 계약했던 고객들에게도 종종 안부 전화를 하고 투자하기 좋은 매물이 나오면 소개하기도 한다. 매매에 대해 아무 생각도 없던 전세입자에게 전세금으로 살 수 있는 집을 소개하기도 한다. 집값은 매년 올라가니 전세금으로 집을 사라고 설득한다. 실제로 많은 전세입자가 내게 설득되어 집을 샀다. 그리고 2년 후 집값은 껑충 올라 전세가도 덩달아 올랐다. 그렇게 집을 산 세입자들은 우리 사무실에 들러서 진심으로 고맙다며 평생의 은인이라고도 한다. 그 사람들이 다시 주변 사람들을 소개시켜 주기도 한다.

또한 소형 아파트에 살고 있는 고객들에게는 인테리어가 잘되어 있는 넓은 집을 보여 준다. 아이도 커 가니 부지런히 돈을 모아 좀 더 넓은 평수를 사라고 이야기한다. 사람들은 예쁜 집을 보면 자극을 받아 열심히 궁리하고 돈을 모은다. 어느 정도 자금이 모이면 아이들과 생활하기에 불편함이 없는 넓은 집을 산다.

모든 일이 그렇지만 부동산 중개 일도 찾아서 해야 하는 일이 많다. 하루에도 수백 통씩 전화 통화를 해야 한다. 오는 전화를 받거나 시간 내서 해야 하는 전화도 많다. 그러다 보니 성대는 갈라져 저음밖에 나오지 않는다. 친정엄마는 귀가 어두워져서 내 목소리를 잘 듣지 못한다. 그래서 매일 아침마다 하던 전화를 요즘은 자주 하지 못한다. 그게 제일 가슴 아프다. 나이가 들면 자식들의 안부 전화 한 통이 큰 위안이 되고 기쁨이 되는데 잘 못 들으시니 그마저 못 하게 되었다.

나는 5월 8일 어버이날이면 단지 내 노인정에 떡을 해 드린다. 할머니, 할아버지들은 그 떡을 집에 가져가서 자식들에게 '예쁜 사장님'이라고 내 칭찬을 하시며 부동산 물건은 그 집에 내놓으라고 하신단다. 그러니 자식들도 이왕이면 우리 사무실에 물건을 팔아달라고 내놓는다.

그뿐만이 아니다. 전세를 끼고 집을 매매할 때도 전세입자가 집을 안 보여 주면 부동산 중개사무소에서도 곤란할 때가 많다. 나는 전세입자에게 집을 보여 달라고 할 때는 떡집에서 2,000원 하는 떡 한 팩을 사간다. "아휴, 귀찮을 텐데 고맙습니다."라고 말하며 떡을 건네면 대부분은 "아니에요. 뭘 사오셨어요."라면서 부드럽게 대해 준다. 실제로 전세입자는 매매하려는 집을 보여 주기 꺼려한다. 한두 번에 끝날 때는 그래도 다행이지만 수도 없이 집을 보러 사람들이 온다면 누가 좋아하겠는가? 주인이나 부동산 중개인들이 입장 바꿔 생각하고 서로 배려해 주면 일이 수월하게 풀린다.

사무실 관리도 철저하게 해야 한다. 문서를 지저분하게 늘어놓지 말고 깨끗하게 정리해야 한다. 고객이 오면 편안하게 앉을 수 있도록 소파를 배치해 놓는다. 이런 모든 노력을 아끼지 않았을 때 최고가 되지 않겠는가. 고객들은 나를 항상 '최고의 부동산 중개인'이라고 칭찬해 준다. 그냥 하는 말일지도 모르지만 나는 정말 내가 최고의 부동산 중개인이라고 믿는다. 다른 부동산 중개인들은 내게 어떻게 그렇게 열심히 할 수 있느냐고 묻는다. 내게는 목표가 있기 때문이다. 목표가 없으면 열정도 없다.

자금은 있는데 무엇에 투자해야 좋을지 몰라 부동산 중개사무소에 방문하는 사람들이 많다. 그렇기 때문에 처음 가는 중개사무소가 중요하다. 그곳에서 주로 취급하는 것이 무엇인지에 따라 투자 또한 달라지기 때문이다. 고객들은 부동산 중개인의 말에 휘둘리지 말고 직접 알아봐야 한다. 제대로 알지 못하면 당할 수 있다. 부동산 중개인도 전문가로서 당당하게 고객들의 선택에 도움을 주며 인정받아야 한다. 서로 신뢰가 있어야 좋은 관계로 발전할 수 있다.

부동산 중개사무소에 가기 전에 먼저 투자할 지역과 투자 대상을 알아보고, 전문가들의 세미나도 가 보고, 책을 보면서 전체적인 흐름을 읽어야 한다. 부동산 투자도 히딩크처럼 확실한 목표를 세우고 원칙을 지키면서 해야 한다.

많은 사람들이 주변에서 부동산 투자로 성공했다는 이야기를 듣고 귀가 솔깃해진다. 투자한 곳이 몇 배 올라서 돈방석에 앉았다는 사람들을 만나고, 자신도 그렇게 돈을 벌고 싶은 마음에 정보를 요구하기도 한다. 이렇게 주변에서 돈을 많이 번 모습을 보고 흥분이 된다면 잠시 멈춰 다시 점검해 보기 바란다.

누구나 돈을 쉽게 벌고 싶다. 하지만 그것이 함정일 수도 있다는 생각을 해야 한다. 부동산은 거래 금액이 크다. 흥분된 판단으로 실수를 한다면 그 대가는 처참하다. 부동산 투자를 흔들리지 않고 할 수 있는 방법은 꾸준한 공부로 돈의 흐름을 알고 반 발짝 먼저 가서 실행하는 것이다.

부동산 투자는 생각보다 여러 가지가 복합적으로 엉켜 있다. 금리와 정책 등 우리가 정확하게 알 수 있는 것도 있지만 알지 못하고 투자하는 것도 있다. 우리가 알 수 있는 것은 과거에 있던 사실로 미래를 예측하는 것이다. 그다음은 실행하는 것이다. 세상 이치가 다 그렇듯이 부동산 투자도 반복의 연속이다.

우리는 어떤 장소에 가기 전에 먼저 지도를 보고 가는 방법을 알아본다. 어느 길로 가는 것이 제일 빠르고 안전한지 미리 알아보고 무엇이 필요한지도 체크한다. 차에 기름도 넣고 운전석에 앉아서 안전벨트도 한다. 여기까지는 많은 사람들이 잘하고 있다. 문제는 그다음이다. 시동을 켜야 한다. 시동을 켜지 않으면 어떻게 목적지에 갈 수 있겠나. 하지만 많은 사람들이 운전석에 앉아만 있고 시동을 켜지 않는다. '교통사고라도 나면 어떡하지', '길이 밀리면 어떡하지' 별별 걱정을 다 한다.

부동산 투자의 목적은 무엇인가? 지금보다 더 나은 생활을 하는 데 필요한 돈을 벌기 위해서다. 지금보다 부자가 되는 것이다. 부자가 되고 싶다는 것은 누구나 품는 희망사항이다. 부자가 되겠다는 목적이 있다면 그 목적을 분명히 알고 목표를 정해서 공부하고 실행해야 한다.

부자들은 왜 필사적으로 부동산 공부를 할까?

부자들의 공통점은 끊임없이 공부한다는 것이다. 그들은 정보 교환을 위해 소중한 시간을 내어 사람들을 만나고, 비싼 비용을 지불하면서 전문가들의 조언을 구한다. 왜 부자가 되었는데도 계속해서 공부하는 것일까?

그 이유는 가진 것을 지키기 위해서다. 또한 부자가 되기 위한 공부를 열심히 해서 부자가 되었기 때문에 계속 공부해 더 큰 사람으로 거듭나기 위해서다. 그들은 어떤 공부든 철저히 임한다.

일본의 컨설턴트 야마모토 신지의 저서 《일근육》에 재미있는 비유가 나온다. 운동을 많이 하면 몸에 근육이 붙는다. 운동을 해 보면 알겠지만, 처음에는 1kg 아령도 무겁다. 점차 근육이 붙으면 2kg, 3kg, 10kg짜리 아령도 들 수 있게 된다. 야마모토가 말하는 '일근육'도 이처럼 지식에 점차 근육이 붙어 능숙해지는 것을 말한다. 부자들에게는 어떤 근육이 붙어 있을까? 그들에게는 바로 투자의 근육이 붙어 있다. 부자들은 투자할 돈이 충분히 있기 때문에 매의 눈으로 투자처를 찾으며 투자 근육을 키우고 있다.

내 주위에는 강남에 빌딩을 가진 빌딩 부자들이 있다. 그런 사람들은 보통 사람들과는 뭐가 달라도 다를 것 같지만 똑같이 산다. 아니, 돈에 더 인색한 사람도 있다. '저렇게 지독해서 부자가 됐나?' 싶기도 하고, '바보 아냐? 돈도 그렇게 많으면서 쓰지도 못하고…'라는 생각이 들 때도 있다.

캐나다에서 같은 유학생 엄마로 만난 혜경이는 강남부자다. 강남대로에 위치한 15층 빌딩과 도산대로 이면에 위치한 5층 빌딩을 가지고 있다. 그녀와는 2년 동안 같은 아파트 위아래 층에 살았다. 그렇게 살다 보니 서로 숟가락 개수도 알 만큼 친해졌다. 그녀는 겉모습만 봐서는 부자라는 것을 전혀 알 수 없을 정도로 검소했다. 검소한 정도가 아니라 지독한 구두쇠였다. 부자가 아닌 나도 1만 원짜리는 쉽게 사는데, 혜경이는 3,000원짜리를 사는 것도 손을 바들바들 떨었다. 만날 때마다 그러니 짜증이 났다.

"왜 그렇게 사니? 돈이 없는 사람도 아니고 있는 돈은 다 뭐에 쓰려고 그래. 나는 그 정도 돈이 있으면 아주 잘 쓸 텐데."

"사실은 나도 짜증나. 나도 왜 그런지 모르겠어. 친구들도 다

나더러 바보 같대. 그런데 고쳐지지가 않아."

본인도 구두쇠인 줄 알면서 쉽게 바꾸지 못한 것이다. 그런 뜻밖의 대답을 듣고서 나는 혜경이를 이해하게 되었다.

그렇지만 그녀가 절약만으로 부자가 된 것은 아니다. 사업하는 남편이 벌어 놓은 종잣돈으로 한 첫 번째 투자에서 돈을 많이 벌었단다. 그렇게 부동산에서 재미를 본 남편은 사업도 열심히 하면서 빌딩 위주로 부동산을 사고팔아 지금처럼 가격대가 높은 빌딩 2개를 갖게 되었다고 한다.

혜경이의 남편도 그녀 못지않은 구두쇠다. 외식을 할 때도 5,000원짜리 짜장면만 먹으려고 한단다. 내 상식으로는 이해할 수 없지만 부자들 중에는 지독한 구두쇠가 가끔 있다. 그래도 그의 아들은 명품 옷을 입고 다닌다. 아들에게는 돈을 아끼지 않는다. 부모 자식 간에도 돈 버는 사람, 돈 쓰는 사람은 따로 있다.

어느 날 혜경이가 나에게 질문을 했다.

"나 뭐 하나만 물어 보자. 우리 신랑은 맨날 부동산 투자 세미나에 비싼 수업료 내면서 강의를 듣거든. 마음에 드는 부동산이 있고 가격이 맞으면 그냥 사면 되지, 무슨 공부를 한다는 건지…. 자기는 부동산 일 하니까 잘 알겠네. 그런 비싼 공부를 꼭 해야 하는 거야?"

"자기네가 부자가 된 이유를 알겠다. 다 남편이 비싼 수업료 내고 공부한 덕인 줄이나 알아."

"그런 거야? 아, 그리고 우리 남편이 조만간 미국 상가를 사겠다고 하더라고. 왜 미국에서 사, 한국에도 살 게 많은데."

혜경이의 남편은 공부를 하면서 미국 상가까지 넘보고 있었다. 부자가 되기 위해 배우고 도전할 줄 아는 사람이다.

나는 부자를 만날 때면 그들의 특성을 유심히 관찰한다. 어떤 방법으로 부자가 되었는지 알아보는 것이다. 그런데 지금까지 저축만으로 부자가 된 사람은 만나 보지 못했다. 내가 만난 부자들은 모두 부동산으로 부자가 된 사람들이다. 맥도날드가 햄버거를 팔아서 이익을 남기는 것보다 위치 좋은 곳에 상가를 지어서 가치를 올리는 것처럼, 부자들은 부동산을 사랑한다. 많은 화장품 회사들도 화장품을 팔아서 돈을 번 것보다 공장부지로 더 많은 돈을 벌었다.

부자들은 부동산 투자를 하며 계속해서 투자 근육을 키우고 있다. 그들은 가지고 있는 것을 지키려고, 또 더 가지기 위해 필사적으로 부동산 공부를 한다. 하지만 많은 사람들이 돈을 벌고 싶어 하면서 공부도 하지 않고 투자도 하지 않는 모습을 볼 수 있다. 그저 입으로만 돈을 많이 벌고 싶다고 한다. 노력과 배움 없이 성공을 꿈꾸기만 하면 말 그대로 꿈만 꾸어야 한다. 똑같이 우물에 있는 시원한 물을 먹고 싶지만 생각만 하는 사람과 두레박을 구해 와 물을 뜨는 사람은 하늘과 땅 차이다. 당신도 시원한 물을 먹고 싶다면 종잣돈인 두레박을 구해 물을 뜨는 실행력을 발휘하라. 그래야 시원한 물을 먹을 수 있다. 모든 선택은 자신이 하는 것이다. 부자가 될 것인가? 아니면 그냥 어떻게든 되겠지, 하면서 살 것인가?

부자가 되려면 부자에게 관심을 가져야 한다. 그리고 부자를 벤치마킹해야 한다. 조재길의《부자들의 부동산 투자 기술을 훔쳐라》, 방미의《종자돈 700만 원으로 부동산 투자 200억 만들기》등 수많은 부동산 관련 책부터 읽어라. 부자가 되고 싶다고 하면서 관련 서적 한 권 읽지 않는 사람이 많다. 수학박사가 되고 싶다면서 수학 공부는 하지 않는 것과 같다. 많은 사람들이 가진 돈이 없어서 투자를 못한다고 하지만 관심과 의지가 더 중요하다.

내 주변의 부자들이나 책을 통해 만나는 세계적으로 성공한 부자들의 공통점이 있다. 그것은 부자가 되겠다는 확실한 목표와 열정을 지니고 있다는 점이다. 그리고 목표를 이루기 위해 엄청난 양의 책을 읽는다는 것이다. 의식 또한 일반 사람들과는 다르게 커다랗게 확장되어 있다. 역시 자기계발서나 동기부여가들의 책을 보면서 이룬 것이다. 부자는 하루아침에 되지 않는다. 그들의 끈질긴 근성은 누구도 따라가지 못할 만큼 강렬하다.

부자들이 가장 가지고 싶어 하고 아끼는 것은 바로 시간이다. 부자들은 시간을 아끼기 위해서라면 얼마든지 비싼 대가를 치른다. 또한, 작은 지식의 차이가 엄청난 결과를 초래하기 때문에 전문가의 경험과 노하우를 이용하기도 한다. 강에 다리를 놓으면 쉽게 건너갈 수 있지만 다리가 없다면 건너지 못하고 돌아가야 하므로 타이밍을 놓치게 된다. 알고 나면 너무 쉬운 일도 모르면 낭패를 보는 경우도 많다. 그래서 모든 일에는 전문가를 이용해야 한다. 나도 비용을 지불하고 전문가에게 많은 것을 맡긴다. 혼자 매니큐어는 바를 수 있어도 네일아트 전문숍을 찾는 것은 전문가의 손길은 다르기 때문이다. 손톱 바르는 것도 그러한데 하물며 부동산 투자야 말해 무엇하랴.

그리고 부자들은 대출도 잘 이용한다. 적절한 대출은 투자에서는 정석이다. 미국 대통령 트럼프도 저서에서 전문가와 은행을 이용하라고 추천했다. 적은 돈으로 투자를 하고 싶다면 대출을 받는 것이 좋지만 일반 사람들은 꺼려한다. 나도 예전에 대출은 절대로 받지 않겠다고 다짐한 적이 있다. 무리한 대출로 인해 고통을 받았기 때문이다. 그때의 소원은 빚 없이 사는 것이었다. 그러나 지금은 투자 방법을 달리해 대출이 있어도 예전 같은 걱정은 하지 않는다. 투자금도 없으면서 빚을 얻기도 싫다면 부동산 투자도 할 수 없다. 왜 대출을 받아야 하는지, 대출을 받고 나면 어떤 결과가 나는지도 알아야 한다. 무작정 대출을 받으라는 것이 아니다. 알고 받으면 부자로 가는 길이 단축된다는 것이다.

요즘 젊은 직장인들은 부동산 공부를 많이 한다. 책도 많이 사서 보고 무엇보다도 각종 인터넷 카페에서 서로 공부한 것을 활발하게 공유한다. 같은 관심사를 가지고 전국 각지에서 인터넷으로 모이다 보니 지역 특성도 많이 알게 된다. 오랜 기간 카페 활동을 하다 보면 인적 네트워크가 생기게 된다. 가끔 오프라인에서도 만나면서 정보 교환에 열심이다.

직장인들의 퇴근 후 시간은 귀중하다. 그렇게 없는 시간을 쪼개가며 공부하고 책을 읽는 이유는 공부의 필요성을 느끼고 더 나은 내일을 만들겠다는 각오가 있기 때문이다. 누구나 성공을 원하지만 목표를 이루기 위해 노력하는 사람이 있는 반면, 아무것도 하지 않으면서 성공하기만을 바라는 사람도 있다.

확실한 목표가 있다면 카페에도 가입하고 지식을 공유하면서 점점 커 가는 자신을 느껴 보자. 배움의 기쁨도 알게 되고 자신을 들여다 볼 수 있는 기회도 된다. 욕망을 가지고 그것을 채우려 한다면 분명 성공이라는 타이틀이 붙게 될 것이다.

상위 1% 부자들의
부동산 투자를 연구하라

상위 1%의 부자들은 어떤 사람들일까? 나는 캐나다에 살 때 고급 주택들을 보면서 그곳에 사는 부자들이 궁금해지기 시작했다. 내가 살던 곳은 캐나다에서도 알아주는 부자 동네로, 유명 연예인이나 부자들이 사는 최고급 주택들이 즐비해 있었다. 캐나다는 집을 팔 때 오픈하우스로 개방을 하기 때문에 누구나 볼 수 있다. 나는 부동산 매매 시스템과 그 흐름, 그리고 인테리어를 구경하기 위해 오픈하우스에 자주 방문했다. 언덕 위에 집을 지어 높은 가격으로 파는 건축업자들을 보며 나도 언젠가는 한국에서 건물을 짓겠다는 포부가 생겼다.

나는 부동산 중개인으로서의 20여 년 경력을 스스로 높게 평가한다. 그동안의 경험은 어떤 박사학위 논문보다 더 리얼하고 가치 있다고 생각한다. 하루에 평균 5명만 상담해도 1년이면 1,800명이고 10년이면 1만 8,000명이다. 20년이면 3만 6,000명의 사람들과 상담한 것이다. 그동안의 스토리를 책으로 엮는다면 아마 10권도 부족할 것이다.

많은 사람들을 접하고 그 사람들의 자금 현황을 알고 상담을 하다 보니 사람 공부도 많이 한다. 사무실로 들어오면서부터 '나 돈 있어. 알아 줘'라는 듯한 교만과 빗나간 우월감에 차 있는 사람도 있고, 짧은 만남이어도 그 언행에서 삶의 가치를 느낄 수 있는 존경스러운 사람도 있다. 부동산 투자로 재벌이 된 사람도 있고 신용불량자나 노숙자가 된 사람도 있다. 과연 그들의 차이는 무엇일까? 나는 몹시 궁금했다. 어떤 차이가 있기에 성공과 실패로 갈라지면서 인생이 달라졌을까? 나는 그들을 연구하기 시작했다.

남편과 나는 15년 전부터 온라인과 오프라인에서 부동산 투자 공부를 많이 했다. 교통이 좋지 않은 수지에 살면서도 언제 어디든 찾아가 교육을 받았다. 그때 나는 현장을 다니면서 강남에 투자하고 싶은 마음이 많았는데 마침 청담동 빌라를 매입할 기회가 생겼다. 항상 바쁜 나를 대신해서 남편이 일요일마다 1년 과정의 수준 높은 강의를 듣고 나에게 요점을 설명해 주던 때였다. 그곳에서 논현동을 추천했지만 나는 평소 마음에 담아 두었던 청담동으로 눈길을 돌렸다. 서울 강남에서 한강을 끼고 있는 곳은 점점 귀해진다는 것을 알고 있었기 때문에 논현동보다 청담동이 더 뜨겁게 오를 것이라 예측했다. 그때는 청담동이 지금처럼 핫한 지역은 아니었다.

물건은 리베라호텔 바로 옆에 있는 빌라였는데 위치가 너무 좋았다. 청담근린공원이 있고 동양파라곤 바로 앞의 집이었는데 헐고 다시 빌딩을 지으면 딱 좋을 자리였다. 오전에 부동산 중개사무소에 들렀다가 중개인의 설명을 듣고 10분도 지나기 전에 결정하고 바로 매입했다. 32평 빌라에 32평 대지 지분이 있어 승산이 있었다. 전세를 끼고 약간의 대출을 받아서 샀다. 강남 청담동에 내 집이 생기니 비록 직접 사는 것은 아니었지만 뿌듯하고 기뻤다.

그 후 2년이 지났을 즈음 부동산 중개인이 그 빌라를 매매하라고 했다. 살 사람이 있는데 한 채씩 사는 것이 아니고 빌라의 8채 전부를 한꺼번에 산다는 조건이었다. 빌라를 허물고 그 자리에 빌딩을 지을 것이라고 했다. 나는 팔고 싶지 않았지만 돈이 급한 다른 사람들의 성화로 팔게 되었다. 평당 1,500만 원에 사서 3,000만 원에 팔아 총 4억 5,000만 원의 차액을 남겼다.

빌라를 산 사람들은 연예인 차인표와 신애라 부부였다. 그들은 그곳에 빌딩을 지었다. 청담동은 엔터테인먼트 회사들이 많고 명품거리가 생겨 점점 더 좋아지고 땅도 귀해질 것이다. 차인표, 신애라 부부 역시 땅을 사서 빌딩을 짓고 많은 차액을 남기게 되었다. 그 빌딩은 아이들 교육 사업에 주로 임대하면서 임대료도

50% 저렴한 것으로 알고 있다.

나의 형부는 제본소 부사장이고, 동생은 출판사를 경영하고 있다. 덕분에 우리 집 서재에는 부동산 관련 책을 비롯해 수많은 책이 있다. 나는 그것도 모자라서 수시로 책을 구입해 읽고 있다. 나는 책을 통해 세계적인 부동산 성공자들을 만났고, 그들의 철학과 가치관을 배울 수 있었다. 그들은 세계 경제와 그 흐름을 알려 주었다.

나는 신문을 보면서도 공부한다. 아침마다 오는 조간신문, 경제신문과 더불어 인터넷 신문 중에서도 경제와 부동산 뉴스를 꼼꼼하게 체크한다. 또 인터넷 유료 사이트에서 비용을 지불하고 동영상을 보며, 각 전문가들의 이야기도 들어 본다.

내가 가장 중요하게 생각하는 공부가 있다. 나는 부동산 중개사무소를 하면서 많은 모임을 가지고 있다. 내가 열정적인 사람이다 보니 어떤 모임이든지 그 지역에서 최고의 부동산 중개인들이 모이게 된다. 그들의 생생한 현장 소식은 나에게 돈으로도, 책으로도 얻을 수 없는 귀중한 정보가 된다. 애로사항이나 해결하기 어려운 일들을 의논하기도 하고 서로 생일도 챙겨 주면서 아껴 주고 위로해 주다 보니 친자매 이상으로 가깝게 지낸다. 나에게 너무 소중한 사람들이다. 지금 나는 평택 지역 발전을 위한 운영위원 지역장을 맡고 있다.

82회 미국 아카데미 시상식에서 촬영상을 수상한 바 있는 제임스 카메론의 영화 〈아바타〉. 아바타는 자신을 대신하는 가상 육체 아이콘이다. 요즘 부자들은 아바타를 이용해서 돈을 번다. 무슨 소리인지 궁금한가?

초저금리 시대로 은행에 돈 넣기를 꺼리는 사람이 늘고 있다. 예전에는 높은 이율로 은행에 돈을 넣어 두면 생활비가 나온다고 할 정도였는데 지금은 점심 값도 안 나오기 때문이다. 그래서 그들이 택한 것이 빌딩이다. 머리 아프게 기업을 운영하기보다는 수익형 빌딩이나 건물을 산다. 직원도 필요 없고 은행 저축보다 수익률도 훨씬 높은 빌딩에 투자하는 것이다. 우리나라뿐만 아니라 세계적인 부자들도 우리나라의 빌딩을 사서 큰 차액을 남긴다는 뉴스가 심심찮게 나오고 있다. 연예인들과 스포츠 선수들도 빌딩을 산다. 그들은 수입의 부침이 심하다. 인기가 있을 때는 돈을 많이 벌지만 어느 순간 인기가 떨어지면 아예 수입이 없다. 그러니 무조건 빌딩을 사 두는 것이다. 빌딩을 사 두면 인기가 떨어져 수입이 없게 되어도 걱정이 없다. 자기 대신 빌딩이라는 아바타가 일을 하고 있기 때문이다. 은행 이자보다 월세가 많이 나오고 몇 년 후면 땅값도 올라 몇 배의 수익이 창출된다. 그것이 상위 1%의 부자들이 부동산 투자하는 방법이다.

책을 보면 상위 1% 부자들의 생각을 알 수 있다. 그들은 대부분 뚜렷한 목표를 가지고 있으며 자신의 직업을 사랑하고 끈기를 가지고 있다. 그리고 자신의 목표를 이루기 위해 멘토를 정하고 끊임없이 공부를 한다. 나도 마찬가지다. 나도 닮고 싶은 부동산 재벌들을 알아보고 그들이 했던 방식이나 그들이 현재 무엇을 하는지 지대한 관심을 가지고 지켜보고 있다. 물론 그때와 지금이 다르다는 것을 염두에 두고 있다.

부자들은 '거미줄을 쳐 놓고 먹이를 기다리는 거미의 지혜'를 응용해서 부동산 투자를 한다. 어디에 거미줄을 칠 것인지 판단하면 일단 거미줄을 친다. 조급해하지 않고 먹이가 지나가기를 기다린다. 먹이가 거미줄에 안전하게 붙어 있을 때 먹이를 먹는다. 모든 거미가 거미줄을 치는 것은 아니다. 거미줄을 치지 않는 거미들은 먹을 것을 찾아서 열심히 돌아다닌다. 부동산 투자도 거미줄을 치고 기다리는 투자자가 있는가 하면, 거미줄을 치지 않고 열심히 직장만 다니는 사람도 있다. 또 부동산 투자에 실패한 사람 중에는 먹이를 많이 먹으려는 욕심 때문에 너무 많은 거미줄을 친 사람도 있다. 당신은 어떤 거미로 살 것인가?

6

퇴근 후 부동산 투자 공부가 당신의 미래를 결정한다

나는 아침형 인간이 아니다. 야행성으로, 저녁을 먹고부터 모든 것을 시작한다고 해도 과언이 아니다. 그동안 아침형 인간이 성공한다는 이야기를 듣고 나도 아침형 인간이 되겠다고 무척이나 애를 썼지만 결국 야행성으로 돌아온다.

나는 중학교 때부터 언니와 같은 방을 썼다. 언니는 아침형 인간으로 일찍 자고 일찍 일어났는데, 나는 라디오 〈별이 빛나는 밤에〉까지 듣고 그때부터 엽서를 쓰는 등 한참을 보내다 겨우 잠이 들었다. 그래서 밤만 되면 언니와의 전쟁이 시작되었다.

"야, 불 좀 꺼."

매일 밤 같은 소리이기 때문에 첫마디부터 화가 잔뜩 나 있다.

"언니가 이불 좀 뒤집어써!"

나도 질세라 소리를 질렀다.

"불 켜 놓으면 잠이 안 온단 말이야!"

"우씨, 알았어! 불만 끄고 라디오는 안 끌 거야."

나는 밤마다 이불을 뒤집어쓰고 라디오를 들어야만 했다.

어릴 때부터 그러했으니 이제 와서 마음먹고 고치려 해도 잘 되지 않는다. 아침에 일찍 일어난 날은 점심을 먹으면 졸음이 오고 정신도 멍해져서 맑지 않았다. 그래서 나는 생각을 바꿨다. 내게 맞는 방법대로 시간을 활용하는 것이다. 저녁 늦게까지 책을 보고 내일 할 일을 정리한다. 그리고 다음날 먹을 반찬과 빨래, 청소까지 다 하고 잠이 든다. 그래도 아침에는 출근하기 바쁘다. 아무리 저녁에 다 해 놓아도 아침이 되면 또 할 일이 생긴다. 워킹맘은 몸이 하나로는 모자랄 때가 많다.

부동산 중개업은 인간관계가 중요하다. 그래서 나는 퇴근 후에 같은 일을 하는 부동산 중개인들과 자주 만나 정보 교환도 하고 친분도 쌓으려 노력한다. 그렇게 만나다 보면 평생을 함께하고픈 사람들도 있다.

우리 사무실에는 젊은 남자들이 많이 온다. 근처 대기업과 그 협력업체에 다니는 직장인들이다. 어느 날 직장 동료 세 사람이 우리 사무실에 방문했다. 그들은 회사 내에 재테크 클럽이 있어 서로 여러 가지 정보를 나눈다고 했다. 그중에서 이주자택지로 시세차익을 남긴 사람의 이야기를 듣고 왔다고 했다. 그동안은 아파트 분양권으로 투자를 했는데 시세차익이 많이 나는 이주자택지로 투자종목을 바꾸고 싶다는 것이었다. 나는 그들이 이주자택지를 처음 한다기에 커다란 전단지를 놓고 설명을 막 시작하려는데 한 사람이 말했다.

"사장님, 저희는 이주자택지를 공부하고 왔어요."

"아, 그러셨어요. 그럼 잘 아시겠네요."

"네. 저희는 이곳에 오기 전부터 분양권에 투자를 했기 때문에 일주일에 2번 퇴근 후에 만나서 공부를 합니다. 공부하는 사람은 저희 말고 4명이 더 있어요. 그분들도 이주자택지에 투자를 하고 싶어 합니다. 저희가 돈 벌면 그분들도 여기 올 겁니다."

"아니, 젊은 분들이 퇴근 후에 할 일도 많을 텐데 일주일에 2번씩이나 만나서 부동산 공부를 해요?"

"제 돈을 넣고 투자하는데 그렇게 해야죠. 계속 공부하고 투자해서 5년 안에 부자가 되기 위한 계획이 있어요."

내가 보기에는 아직 파릇하니 새싹들 같은데 야무지기가 보통이 아니었다. 이주자택지에 대해서도 더 설명해 줄 말이 없을 정도로 많이들 알고 있었다.

그들의 전략이 신선하게 다가왔다. 그들은 지역이 어디든 아파트 분양공고가 나오면 다 같이 그 지역을 공부한다고 한다. 그 지역이 어떻게 발전할지와 어떤 계획이 있는지 각자 알아온 것을 발표하고 공유한다. 그래서 그들은 서울과 경기도에만 청약을 하는 것이 아니고 지방의 청약도 하고 분양권을 산다. 각 도시를 꿰뚫고 있고, 분양권 전문으로 하는 일명 '떴다방'이라고 하는 이동식 중개업소에서도 정보를 듣는다. 공부만 하는 것이 아니고 발로 뛰기도 하는 그들이 우리 사무소에 온 것은 평택이라는 신도시 때문이라고 했다. 마지막 신도시인 평택에 대해서도 많은 정보가 있어 투자를 할 것이라고 했다.

그러나 안타깝게도 그 세 사람과는 인연을 맺지 못했다. 같이 투자하는데 의견이 맞지 않아서 번번이 좋은 물건을 놓치고 있었다. 스터디 그룹으로는 좋았지만 가장 중요한 계약에서는 배가 산으로 갔다.

언젠가부터 아들이 스타벅스에서 공부를 한다고 매일 나갔다. 나는 속으로 '집에서 하면 되지, 뭐하러 커피값 아깝게 거길 매일 가는 거야'라고 투덜거렸다. 그러던 어느 날 고객과 미팅이 있어 스타벅스에 가게 되었다. 조금 일찍 도착해 책을 꺼내 읽었는데 너무 집중이 잘되고 좋았다. 생각지도 않게 아들을 이해하게 되었다.

그날 이후 나도 자주 스타벅스에 가서 책을 읽고 공부도 하고 있다. 부동산 중개인은 고객보다 알아야 할 것이 많다. 또한 고객의 투자패턴도 사람마다 다르기 때문에 그에 맞춰 공부해야 한다. 부동산 공부는 끝이 없을 정도로 할 것이 많다. 같은 대지라도 건폐율과 용적률이 다르고 같은 논이라도 다르다. 이런 기초부터 땅을 합하는 합병, 땅을 분할하는 분할법 등 알아야 할 것이 많다. 또한 지방자치단체마다 개발계획도가 있고 도로망 확충 계획이 있어 체크할 것도 많고 미리 공부할 것이 많다. 투자할 때 가장 중요한 사항은 개발되는 도로이기 때문에 교통에 대해서도 알아야 한다.

직장인의 성공 여부는 퇴근 후 보내는 시간에 있다고 해도 과언이 아니다. 퇴근 후 동료들과 술을 마시면서 보낼 수도 있고 친구들을 만나 놀 수도 있다. 아니면 고생하고 있을 아내 생각에 빨리 집으로 들어가 아이들과 놀아 주고 집안일도 도와줄 수 있다. 어느 것 하나 중요하지 않은 것은 없다. 선택은 당신 스스로 해야 한다. 부동산 투자를 해서 부자가 되겠다고 선택했다면 열정을 가지고 무엇부터 할 것인가를 정해야 한다.

성공한 사람들의 공통점은 열정적이라는 것이다. 열정 없는 CEO, 열정 없는 직원을 누가 믿고 같이 일하고 싶겠는가? 부동산 투자뿐만 아니라 세상 모든 것에 열정이 있어야 한다. 부동산 중개사무소에 왔는데 열정이 없는 중개인을 만난다면 어떻게 믿고 투자를 할 수 있겠는가? 정말 부자가 되고 싶다면 다른 것은 잠깐 미루어 놓고 성공을 위해 필요한 것을 연구하고 파악해야 한다. 자신에 대한 견고한 믿음으로 실천을 방해하는 환경을 차단하고 치밀한 계획을 세워라.

당신은 할 수 있다. 당신 스스로를 누구보다 중요한 존재로 생각하고 당신이 하고자 하는 일에 큰 가치를 두어라. 당신의 배우자와 자식에게 풍요로운 생활과 행복한 미래를 보장해 주는 것은 가치 있는 일이다. 일단 시작했다면 부정적인 모든 것을 차단하고 긍정의 에너지만 발산하고 생각하라. 자신 안에 숨어 있는 놀라운 열정을 찾아 건드려라.

나도 그러한 열정으로 부동산에 관한 책을 손에서 놓지 않았다. 하지만 실제 경험 없이 차트와 그래프를 통한 이론만 담긴 책이 많아 안타까웠다. 그래서 내가 직접 현장에서 경험한 사례를 통해 시행착오를 줄여 주고 싶다는 생각으로 책을 쓰기로 결심했다. 하지만 혼자서는 방법을 몰라 고민만 하던 차에 200여 권의 저서를 펴내고 수백 명의 작가를 양성한 김태광 대표 코치가 운영하는 네이버 카페 〈한국 책쓰기 성공학 코칭협회(이하 한책협)〉를 찾게 되었다. 처음 〈1일 특강〉에 참석한 날, 나는 가슴을 뛰게 하는 뜨거운 열정을 느꼈다. 나는 바로 〈책 쓰기 과정〉에 등록해 김태광 대표 코치에게 책 쓰기에 대한 모든 것을 전수받았다. 원고를 작성하며 여러 난관에 부딪혔지만 그때마다 그의 조언과 격려를 얻어 이렇게 내 이름으로 된 책을 낼 수 있게 되었다.

5년 후의 미래를 알고 싶은가? 지금 읽고 있는 책, 지금 만나는 사람, 지금 상상하고 있는 꿈, 지금 하고 있는 생각, 그리고 오늘 하루 당신이 한 일에 의해서 미래가 결정된다.

딱 1년만
부동산 공부에 미쳐라

　인터넷이 발달한 요즘, 답답한 것이 사라졌다. 궁금한 것은 무엇이든지 검색해 보거나 네이버 지식iN에 물어 보면 답을 얻을 수 있다. 나는 네이버 지식iN에 "부자가 되려면 어떻게 해야 하나요?"라고 물어 보았다. 그러자 곧 "당신이 부자가 되기 위해 알아야 할 40가지 꿀팁", "부자가 되려면 돈을 잘 써야 한다." 등의 답변이 달렸다. 물론 이 답변들이 도움이 될 수도 있겠지만 나는 부자가 되기 위해 가장 중요한 것은 '공부'라고 생각한다.

　우리 사무실에는 가끔 인터넷 카페에서 만나 삼삼오오 짝을 지어 부동산 공부를 하러 다니는 사람들이 온다. 이런 사람들은 십중팔구 눈은 초롱초롱하지만 양질의 질문은 하지 않는다. 이 사람들은 결코 자기 의지대로 부동산을 사지 못한다. 단지 공부를 하려고 왔을 뿐이다. 나는 그래도 이렇게 부동산을 알고 싶어 오는 사람들을 높이 평가한다. 젊은 나이에 부동산을 공부하려는 자세가 좋아서 대강 아웃라인을 이야기해 준다.

먼저, 숲을 보는 큰 그림을 공부해야 한다. 국내외 부동산의 흐름을 알고 어디에 투자해야 좋은지부터 공부해야 한다. 부동산 관련 책도 읽고, 지역을 정했으면 그 지역의 개발계획도 알아야 한다. 새로운 도로개발계획이 있는지, 철도개발계획이 있는지 도로가 어떻게 그 지역을 뚫고 가는지, 산업 단지는 있는지, 그리고 가장 중요한 인구 유입은 어떤지 알아야 한다.

지방자치단체에서는 어느 도시나 개발계획이 없는 곳은 없다. 단지 계획일 뿐이므로 실제 개발하는 것이 무엇인지를 알아야 한다. 또 교통계획을 미리 알아야 인구 유입도 알 수 있다. 실제로 인구가 감소하는 지방 도시가 있다. 인구가 없으면 죽은 도시가 되고 인구가 있어도 베드타운이 되면 그 도시는 살아남을 수 없다. 이렇게 많은 정보가 있어야 그 지역을 크게 볼 수 있다. 부동산도 아는 만큼 보이고 보이는 만큼 알게 된다.

우리 사무실에 자주 오는 양진희 씨는 공인중개사 시험을 봤는데 떨어졌다. 그녀는 정보도 많이 알고 투자도 해 봐서 부동산에 대해 잘 알고 있으니 합격할 거라 생각했는데 떨어져 충격을 받았다. 공부도 나름대로 열심히 했지만 생각보다 너무 어렵다고 했다. 다음에 다시 도전해 보라고 했더니 생각 좀 해 보겠다며 고개를 저었다.

공인중개사 시험은 어렵다. 그냥 학원만 다녀서는 안 된다. 작년에 합격한 지인은 1년간 학원과 독서실에서 살았다고 한다. 그렇게 미친 듯이 해야만 붙을 수 있다. 공인중개사 시험뿐만 아니라 무언가를 제대로 알고자 한다면 미친 듯이 공부해야 한다.

진희 씨는 사람들과 연락도 끊은 채 시험 공부에 임했다. 나중에 들은 이야기로는 남편이 회사 다니면서 살림까지 하고 자기는 오로지 공부만 했단다. 학창시절에 이렇게 공부했다면 S대 법대는 문제없었을 거라며 웃었다. 결국 그녀는 공인중개사 시험에 합격했다. 바로 부동산 중개사무소를 열고 싶다고 했다. 나는 급하게 하지 말고 실무 공부를 먼저 하라고 했다. 진희 씨는 공인중개사 시험에 합격까지 했는데 무슨 공부를 더 하느냐면서 사무실을 열었다.

사람들은 부동산 중개사무소를 열기만 하면 다 잘되는 줄 안다. 그렇지 않다. 공인중개사 자격증은 중개사무소를 열 때 최소한의 자격이다. 실제로 사무소를 열고 일이 잘 안 되니 나에게 어떻게 하냐며 물어 보는 사람이 많다. 열심히 하고 싶어도 뭘 어떻게 해야 하는지 모르는 것이다. 열심히 하는 것보다 더 중요한 것이 있다. 바로 잘하는 것이다.

부동산 투자도 그렇다. 대강 책 읽고 온라인 카페에 가입해 공부했다고 성공할 수 없다. 세상살이가 그렇게 만만하지 않다. 부동산 투자에 성공하고 싶다면 먼저 꿈과 목표를 정해야 한다. 32평을 사겠다는 목표, 3억 원을 만들겠다는 목표, 월세 100만 원을 받겠다는 목표, 10억 원을 벌겠다는 목표를 세웠다면 거기에 합당한 계획이 있어야 한다. 5년 안에 해야 하는 일부터 1년 안에, 1달 안에 해야 하는 일 등 목표를 달성하기 위한 계획을 세부적으로 세워야 한다.

부동산 공부를 미친 듯이 1년만 한다면 당신은 돈을 벌 수 있다. 사실 '돈'이라는 단어는 우리에게 가치 있게 다가오지 않는다. 돈은 수단이지, 목적이나 으뜸의 가치가 될 수는 없다. 많은 사람들이 부자가 되고 싶고 많은 돈을 갖기를 바라지만 때때로 돈 때문에 화가 나기도 하고 애써 무시하기도 한다. 부자들은 그렇지 않다. 돈을 아끼고 소중하게 생각한다. 또 돈이 자신에게 오기를 강하게 희망한다. 우리도 돈의 가치를 높게 생각하고 돈이 오기를 강력하게 원해야 한다. 힘든 지금을 생각하지 말고 성공한 미래를 상상하며 목표가 이루어지는 끝을 생각하면서 말이다.

나는 결혼 전부터 날씬하지 않았다. 키도 작고 하체가 뚱뚱하다. 그래도 항상 당당하고 콧대가 높았다. 나는 자존감이 높기에 그런 것은 상관하지 않았다. 내 인생의 주인은 나이기 때문이다.

나는 스스로를 엑스트라로 만들지 않았다. 나는 이 세상에 오직 하나, 나일 뿐이다.

부동산 투자도 자존감이 없는 사람은 불안하고 확신이 없기에 잘하지 못한다. 투자를 하려면 부정적인 요소도 많다. 긍정과 부정은 항상 공존한다. 긍정을 택하면 긍정적으로, 부정을 택하면 부정적으로 생각하게 된다. 부정을 택한다면 투자하기가 어렵다.

가난을 선택한 사람들의 생각과 부를 선택한 사람들의 생각은 다르다. 가난을 선택한 사람들은 '하나라도 잘못되면 안 된다'라고 생각한다. 그러나 완벽한 부동산 투자는 없다. 그리고 그들은 '이만큼 먹고 살면 되지, 뭐'라면서 욕망이 없고 우유부단하다. 또한 부정적인 생각이 많다. '경기가 최악이다', '집값이 폭락한다' 등 부정적인 생각을 많이 한다. 그래서 그들은 뚜렷한 목표를 설정하지 못한다.

하지만 부자가 되기를 선택한 사람들의 생각은 다르다. 욕망이 있기에 꿈과 열정이 있다. 부자가 되고 싶다는 뚜렷한 목표와 신념이 있다. 투자해서 얼마나 남을지 긍정적으로 계산한다. 또 그것을 즉시 실행한다. 신속하게 결단을 내린다. 그렇게 부동산 투자를 하고 돈을 벌어 부자가 된다.

"인간은 자기가 생각하는 대로 이루어진다."

성공철학의 거장 나폴레온 힐의 말이다. 그의 저서 《생각하라! 그러면 부자가 되리라》는 부자가 되고 싶은 사람들의 고전이라 할 수 있다. 힐은 이 책에서 "성공하고 싶다면 목표의 끝에서 끌어당기라!"고 말한다. 되고 싶은 목표를 끌어당겨 끝에서 시작하라는 뜻이다. 그가 이 책을 쓰게 된 것은 대부호 앤드루 카네기를 만나고부터다.

힐은 신입 기자 시절 카네기를 만났다. 카네기는 힐을 집으로 초대하는 등 그에게 특별함을 느끼고 계속해서 만남을 가졌다. 카네기는 성공한 사람들에게는 어떠한 법칙이 있을 것이라고 생각했다. 그래서 기자인 힐에게 자수성가한 세계 최고 성공자들과의 만남을 주선해 줄 테니 인터뷰를 통해 그 법칙을 찾아 볼 것을 제안했다. 단 급여는 없다는 조건이었다. 힐은 세계적인 부자들을 만난다는 자체가 엄청난 자산이 될 것이라는 생각에 제안을 받아들였다. 그리고 1908년부터 1928년까지 20년에 걸쳐 성공자 507명을 직접 인터뷰해 써낸 책이 바로 《성공의 법칙》과 《생각하라! 그러면 부자가 되리라》다. 이 책들은 3,000만 권 이상 팔렸으며 지금까지도 꾸준히 팔리고 있다.

힐은 "성공은 무엇보다도 '명확한 목표'에 의해 결정된다."라고 단호하게 주장한다. 명확한 목표 달성을 위한 명확한 계획을 세우고 마음속에 간절한 열망을 불러일으키며 긍정적인 생각으로 정신을 집중해 목표의 완성을 보는 것이다.

이는 힐만의 주장이 아니다. 론다 번의 《시크릿》 또한 그와 똑같은 생각을 바탕으로 쓰인 책이다. 생각이 현실이 된다는 끌어당김의 법칙이다. 부의 비밀은 끝에 있는 것을 끌어당겨서 생각하고 꿈꾸면 이루어진다는 것이다.

또한 이지성의 《꿈꾸는 다락방》에는 세계적인 영화감독 스티븐 스필버그의 일화가 소개되어 있다. 그의 초등학교 동창 짐 솔린버거가 한 대중매체와의 인터뷰에서 말한 것을 인용한 것이다.

"스필버그는 열두 살 때부터 자신이 아카데미 시상식에 참석해서 상을 타고 관객들에게 감사의 말을 전달하는 광경을 간절하게 상상했다. 그가 생생하게 꿈꾸고 말했기에 우리는 스티브의 소망을 잘 알고 있었다."

이지성은 이 이야기를 통해 '생생하게 꿈꾸면 이루어진다'라는 메시지를 강하게 전달하고 있다.

나폴레온 힐이나 론다 번 그리고 이지성 등 많은 작가들의 주장을 요약하자면, 목표를 설정하고 그 목표를 항상 생각하라는 것이다. 그냥 막연히 생각만 하는 것이 아니라 목표가 이루어진 환경을 생각하라는 것이다. 예를 들어 제주도에 별장을 갖는 것이 목표라면 제주도 별장에서 커피를 마시는 모습을 상상하라는 것이다.

바라는 삶의 모습을 상상하고 간절히 원하면 이룰 수 있다. 눈에 보이지 않는 또 다른 세계가 있다는 것을 믿어라. 목표를 정하고 그것을 이루려는 실천이 중요하다. 부동산 투자로 부자가 되고 싶다면 성공한 부자들의 이야기를 믿어라. 장담하건대 딱 1년만 미치도록 부동산 투자 공부를 한다면 당신은 성공할 것이다.

3

수익형 부동산 투자가 답이다

왜 수익형이 답일까?

2008년 9월은 잔인한 달이었다. 바로 미국 리먼 브라더스 은행이 문을 닫으면서 국제 금융위기가 터졌기 때문이다. 그때 대한민국 부동산 투자자의 80% 이상이 추락했을 것이다. 사실 현금을 쌓아 두고 투자하는 것이 쉽지 않다. IMF나 금융위기 때 투자해서 큰 수익을 낸 사람도 간혹 있지만 현실적으로 위기상황에 투자할 사람은 많지 않다. 또 은행 이자가 20%나 되고 경기가 완전 하강일 때 부동산에 투자하는 것은 고수들만 가능한 일이다. 그런데 당시 고수도 아니면서 추락하지 않고 꿋꿋하게 버틴 투자자가 있다. 그 주인공을 소개하고자 한다.

정미영 씨는 남편의 사업이 망해 집이 경매로 넘어가는 일을 겪었다. 그녀는 부동산 중개사무소에서 보조원으로 일하며 생계를 이어나갔다. 어느 날, 고객이 다급하게 상가를 급매로 팔아 달라고 내놓았다. 물건을 받고 대출을 알아보니 매매하려는 금액보다 더 나오는 상가였다. 이리저리 따져 봐도 매매가를 지불하고 취등록세를 내도 남았다. 미영 씨는 그 상가를 본인이 매입했다. 대출로 매매가와 비용을 지불하고도 돈이 남았다. 다달이 대출이자를 갚아도 월세가 남았다. 자기 돈은 한 푼도 안 들어가고 돈과 월세가 남는 기막힌 상가가 생긴 것이다.

그녀는 그것을 시작으로 집중적으로 그런 상가들만 구입했다. 시기가 좋았는지 몇 개의 상가를 더 구입할 수 있었고, 그러는 동안 가격이 올라 상가를 모두 처분하니 목돈이 되었다. 그 돈으로 일부는 아파트에 투자하고 나머지는 다시 월세가 나오는 상가를 매입했다.

금융위기 사태가 터졌을 때 나는 수입이 많이 줄었다. 부동산 매매가 안 되니 당연히 수입이 줄었고 이자 내기 바빠서 분양권을 팔려고 내놓았지만 팔리지 않아 악순환이었다. 결국에는 급하게 헐값으로 파니 남는 것이 없었다. 그에 비해 미영 씨는 월세를 받아 그것으로 이자를 내며 버텼고 차후에 아파트 가격이 오른 다음 팔아서 이익을 보게 되었다. 결과는 하늘과 땅 차이였다. 그녀는 지금도 상가에서 나오는 월세로 편안하고 여유 있게 생활하고 있다.

나는 이런 경험을 토대로 부동산 투자를 하는 사람들에게 항상 투자와 수입이 나오는 비율을 맞춰야 한다고 설명한다. 오른다고 무작정 시세차익 투자만 하면 리스크가 너무 많다. 나는 고객들에게 가지고 있는 돈을 잘 배분해서 투자하라고 한다. 그러면 어떤 고객들은 "월세 얼마나 받는다고 월세 받는 것에 투자를 합니까? 분양권으로 한 번만 잘 투자하면 10년 월세도 한 번에 버는데요."라고 한다.

부동산으로 투자를 하려면 먼저 종잣돈이 있어야 한다. 앞에서 말한 미영 씨의 경우를 지금도 바라기는 힘들다. 종잣돈은 답이 없다. 무조건 허리띠를 졸라매고 1년 동안이라도 돈을 모아야 한다. 일단 돈의 지출을 막아야 한다. 가계부를 쓰고 기간을 정한 만큼이라도 친구들과의 만남과 외식을 삼가고 수입의 1/3 이상을 저축해야 한다. 또한 맞벌이라면 한 사람의 수입으로 생활하고 한 사람의 수입은 무조건 저축해 종잣돈을 만들어라. 그러나 꼭 지출해야만 하는 것이 있다. 바로 부동산 투자와 관련된 책값이다. 부동산 공부에 대한 지출은 아끼지 마라.

종잣돈이 만들어졌으면 투자할 곳을 찾아 나서라. 적은 돈으로는 빌라나 오피스텔부터 시작해서 상가, 상가주택, 땅 등 여러 곳이 있다. 나는 앞서 말한 대로 적게나마 월세가 나오는 수익형으로 투자할 것을 권한다. 레버리지를 활용하는 것도 좋은 방법이다.

왜 수익형일까? 물론 갭 투자처럼 돈을 묻어두다가 5년쯤 지난 후에 수익형으로 돌릴 수도 있지만 직장인이 월급 외에 월세가 나오면 새로운 종잣돈으로 활용할 수 있기 때문이다. 부동산으로 부자가 되려고 없는 돈으로 종잣돈을 만들고 책을 사서 봤다면 이제 부자가 될 준비는 끝났다. 이제부터는 생각만 하고 행동하지 않는 바보가 되지 말아야 한다. 부자들이 어떻게 부자가 되었는지 철저하게 공부하고 따라 하라. 새로운 수입원을 창출해서 부의 추월차선을 타야 한다.

투자에는 수익형과 시세차익형이 있다. 돈이 어느 정도 모아져서 시세차익적인 투자를 할 때도 수익형으로 월세를 받으면서 해야 한다. 수익형 부동산 투자는 기본 중 기본이다. 투자를 하다 보면 항상 악재와 호재가 있게 마련이다. 지금은 어떤가? 미국발 금리 인상이 투자의 중요한 변수가 되고 정부의 주택시장 규제 역시 중요하게 작용된다. 호재로는 또 어떤 것이 있을까? 뭐니 뭐니 해도 저금리다. 금리가 싸면 은행에 돈을 넣지 않고 투자하기를 원하고 또 대출을 받아도 크게 부담이 가지 않는다. 그런데 시세차익만을 보고 분양권에 무리하게 투자해서 망한 사람이 있다.

2002년은 수지의 대형 아파트 분양의 인기가 최고로 치솟았던 때다. 나도 수지 성복 엘지 3차 아파트를 분양받았다. 이후 청약통장이 있어 부동산 중개사무소에 들러 청약에 관해 물어 보고 전화번호를 남겼는데 어느 날 전화가 왔다. 계약금 500만 원만 있으면 수지 대형 아파트를 살 수 있고, 사 두면 큰돈이 될 거라고 했다. 게다가 무이자에, 입주할 때는 몇천만 원이 오르기 때문에 반드시 잡아야 할 기회라고 했다. 자신은 10개를 계약했다고 자랑했다. 나는 이미 엘지 3차 아파트를 분양받았기 때문에 관심이 없어 하지 않았다.

그런데 그 물건을 나중에 보니 입주할 때 매물이 쌓이면서 마이너스로 떨어져 팔리지 않았다. 분양할 때는 중도금을 무이자로 분양했지만 은행에서 대출을 받았기 때문에 잔금 후에는 본인이 대출금 이자를 내야 한다. 그렇게 되다 보니 그 아파트를 500만 원 주고 계약한 사람들이 너도 나도 팔겠다고 내놓았던 것이다. 나중에는 3,000만~5,000만 원을 가지고 와야 팔 수 있는 지경이 되었다. 중도금을 냈기 때문에 계약금 포기로도 해결이 안 된다. 무서운 일이었다.

처음 설명을 들을 때는 아파트 가격이 500만 원인 것 같지만 그렇지 않다. 중도금 무이자도 때에 따라선 칼날이 되어 돌아온다는 것을 알아야 한다. 무이자라서 투자자가 많고 입주 때면 다 팔고 싶어 하기 때문에 물량 폭탄이 된다. 내가 그 부동산 중개인을 다시 본 것은 그 후 몇 년이 지나서다. 우리 사무실에 고객으로 왔다. 나를 알아보지도 못하고 원룸 월세를 구한다고 했다. 노숙자 같은 모습이었다.

그처럼 잘못된 투자로 손해를 보지 않기 위해서는 철저한 공부와 전문가의 조언이 필요하다. 나의 휴대전화 010.5396.7895로 상담을 요청하면 성심성의껏 조언해 드리겠다. 또한 네이버 카페 〈30대를 위한 부동산 투자 연구소〉에 방문하면 부동산 투자에 대해 연구하고 공부하는 많은 사람들과 함께 정보를 나눌 수도 있다.

시세차익형으로만 투자한다면 변수가 생겼을 때 버틸 수 없다. 그래서 무조건 차익형으로만 투자하면 안 된다. 수익형 부동산으로 월세가 나오게 해 놓아야 한다. 직장인에게도, 퇴직자에게도 한결같이 월급처럼 돈이 나오는 수익형으로 행복한 생활을 영위할 수 있다. 투자는 수익형이 답이다.

은퇴 후에도 월급 받는 임대사업자가 되라

요즘은 임대사업에 뛰어드는 30~40대를 많이 볼 수 있다. 불확실한 미래를 준비하는 것이다. 경매와 갭 투자 등 소액으로 할 수 있는 여러 가지로 수익형 부동산에 투자하며 월세를 받고 있다.

벤츠 쿠페를 타고 다니는 이선재 씨는 아직 미혼이다. 그는 대기업에 다니지만 부동산 재테크에 더 관심이 많다. 그는 회사나 국가가 자신의 노후를 책임져 주지 않을 것을 잘 알고 있다. 회사 근처 오피스텔에서 살고 있는 그는 소형 부동산을 5개나 가지고 있다. 회사 동료들에게 투자 자문을 해 주기도 하고 공동투자도 한다. 사무실만 차리지 않았지 움직이는 중개업소나 다름없다.

그런 그가 동료들과 공동투자로 평택에 땅을 사고 싶다면서 함정리 우리 사무실에 왔다. 그때만 해도 팽성읍 함정리에 부동산을 보러 오는 젊은 직장인 고객은 거의 없었다. 그랬기 때문에 선재 씨를 처음부터 보통 젊은이라고는 생각하지 않았다. 그런데 평택에 땅을 사는 것은 찬성이지만 같은 직장에서 만난 동료끼리 공동투자를 하는 것은 바람직하지 않다. 법적인 문제까지 확실하게 해 놔야 하는 것은 물론이고 인원이 너무 많으면 배가 산으로 가기 때문이다.

자금을 물어보니 1억 원씩 5명이 같이 하기로 했단다. 나는 공동투자를 할 때의 장단점을 알려 주고 가급적이면 하지 않는 것이 좋겠다고 했다. 똑똑한 선재 씨는 내 말을 잘 알아들었다. 나는 대안을 알려 주었다. 1억 원씩 투자해서 5명이면 함정리 근처 미군 임대 주택을 사라고 했다. 건평 73평이 넘는 2층 건물로, 미군 장교에게 최고의 금액을 받을 수 있는 렌탈하우스였다. 가격은 5억 6,000만 원에 취득세와 부동산 수수료를 내야 하지만, 새 주택인데다 미군 장교에게 1년 치 월세 5,000만 원을 선불로 받을 수 있었다. 선재 씨는 그동안 오피스텔과 아파트로 임대사업을 했기에 렌탈하우스 수익률을 보고 상당히 놀라는 눈치였다.

미군 영내에는 미군 장교나 병사들의 집을 얻어 주는 사무실이 있다. 나는 그곳을 알려 주면서 본인이 직접 알아보고 확실하다고 생각되면 무조건 사 두라고 했다. 1억 2,000만 원씩 투자하면 매달 100만 원을 받을 수 있고, 또 평택 함정리에는 렌탈하우스를 지을 땅이 없기에 땅값도 분명히 오른다고 했다. 나도 그곳에 땅을 샀다는 말도 했다.

선재 씨는 여러 번 물건을 확인하고 동료들과 현장 답사도 했다. 그리고 결국 계약했다. 1년이 지나자 렌탈하우스의 가격은 7억 5,000만 원까지 올랐다. 역시 그곳에 땅이 없어서 마땅히 지을 곳이 없다 보니 가격이 계속 오른 것이다. 수익률과 땅값을 확실하게 잡은 아주 훌륭한 투자였다. 5명 모두에게 행운이었다.

이렇게 하루라도 빨리 임대사업자가 되어야 한다. 직장인과 은퇴자를 위한 최고의 공부는 재테크 공부다. 물론 직장에서도 열심히 일해야 한다. 하지만 재테크를 하지 않고 열심히 일만 하면 퇴직 후의 생활을 보장받을 수 없다. 직장인이 월급만으로 부자가 되기는 점점 어려워진다. 퇴직 후 아무런 대책이 없는 가장은 아내나 자식들에게도 대접받기 힘든 현실이다. 젊어서 임대사업을 시작하면 한 달에 월급을 2번 받는 것과 마찬가지고 은퇴 후에도 수입이 이어져 더욱 좋다.

어느 날 친구 영미가 같이 점심을 먹자며 강남에서 내가 있는 수지까지 온다고 했다. 이리저리 생각을 해 봐도 일부러 수지까지 온다니 이유가 있는 것 같았다. 약속 장소에 갔더니 영미가 먼저 나와 있었다. 오랜만에 햇살을 받으면서 친구와 점심을 같이 하니 기분이 좋았다. 그런데 영미의 얼굴이 어두웠다.

"사실 남편이 퇴직을 했거든."

"벌써 그렇게 됐구나…."

영미의 남편은 나이가 꽤 있었다. 그는 은행 지점장으로 오래 근무했다. 예전에 마련한 강남의 아파트가 가격이 많이 올라서 자산은 됐지만 월급만으로 아이들을 교육시켰고 다른 재산은 없었다.

"그런데 너도 알다시피 우리는 강남에 집 하나 달랑 있는 월급쟁이잖아. 퇴직하고 6개월이 지나니 너무 불안해서 뭔가 돌파구를 찾아야겠다는 생각이 들더라. 너는 부동산 일도 오래했으니 조언을 좀 듣고 싶어서 왔어."

"아휴, 강남 집값이 얼만데 그래. 넌 일찍 강남 입성해서 성공한 거야. 지금 굳이 강남에 있을 필요도 없고 전세를 놓고 그 돈으로 투자를 생각해 보지 그래?"

"그래. 나도 그렇게 생각해서 너에게 온 거야. 어떻게 하는 것이 좋을지 좀 알려 줘."

영미의 집은 전세가가 9억 원이었다. 전세금으로 9억 원을 받으면 노후는 별 걱정 없을 것이라고 했다. 수지에 전세를 얻으면 32평 기준 3억~3억 2,000만 원이면 가능했다. 그런데 영미의 두 딸이 강남을 떠나지 않겠다고 했다는 것이다. 만약 딸들에게 강남의 오피스텔을 얻어 준다면 보증금과 월세 그리고 생활비 등 지출이 많아지게 된다.

우여곡절 끝에 두 딸은 수지로 함께 이사 오는 대신 중고차를 사 주기로 했다. 나는 전세를 얻고 난 나머지 5억 8,000만 원으로 상가를 사라고 권했다. 마침 월 260만 원이 나오는 단지 내 상가를 사 주게 되었다. 단지 내 상가는 수익률은 조금 떨어지지만 안정적이어서 경쟁이 치열하다. 나는 세무서에 영미를 임대사업자로 등록해 주고 기본적인 것들을 설명해 주었다. 영미는 무척 좋아했다. 월세에다 30년 직장생활로 인한 국민연금까지 받으니 매달 380만 원씩 수입이 생겼다. 남편도 인생에 무지개가 다시 뜬다며 좋아했다고 한다. 그래도 영미와 남편은 아주 행복한 은퇴자에 속한다. 강남에 아파트가 있고 대출이 없었기에 가능했다.

먼 미래라고 생각해 미처 준비하지 못한 퇴직이 눈앞에 다가오면 누구나 우울해질 수밖에 없다. 회사에 젊음과 열정을 다 바쳤지만 퇴직금 몇 푼 받고 물러나야 한다. 앞으로의 생활비 걱정에 나오는 것은 한숨뿐이다. 임대사업이라는 아바타로 당신의 미래를 장밋빛으로 만들어라. 노후 준비는 빠를수록 좋다.

실제 월세를 받는 직장인들은 금액의 많고 적음을 떠나 상당히 만족한다. 월급이 두 번 들어온다고 생각하기 때문이다. 직장에 다닐 때는 금액이 크게 느껴지지 않겠지만 퇴직을 하면 그 가치가 달라진다. 직장생활에만 목매지 말고 퇴직 후에도 월급이 들어오는 임대사업자가 될 것을 강력하게 권한다.

상가주택으로
꿩 먹고 알 먹기

　상가주택이란 1층은 점포나 사무실이 있고 2층 이상은 주택으로 사용하는 병용주택이다. 대지가 넓고 건축비가 저렴해 날로 늘고 있는 추세다. 예전에 택지지구 내에 집을 가지고 살고 있던 사람들을 이주시키면서 보상 차원에서 땅을 살 수 있는 권리를 준 것이 이주자택지다. 이때 땅값을 LH 공사나 지방공사에서 조성한 원가의 약 80%로 싸게 준다. 약 3.3m²(1평)당 500만 원이라고 한다면 그것보다 저렴한 가격인 약 400만 원에 주는 것이다. 그 땅을 사면 택지지구지정법에 따라 3층이나 4층의 건축물을 세울 수 있다. 이때 건축법보다 택지지구지정법이 우선한다.

　이런 상가주택 또는 점포주택은 원주민들만 가질 수 있지만 그들이 매매를 하면 일반인도 살 수 있다. 조성원가보다 땅값이 싸기에 권리금을 주어야 한다. 적게는 수천만 원부터 많게는 수억 원까지 시기와 장소에 따라 같은 택지지구 내에서도 가격은 천차만별이다.

처음 자본이 부족하면 땅값의 20%만 지불하고 80%는 대출로 가능하다. 이주자택지 분양가격은 광교는 약 560만 원, 동탄은 약 420만 원, 평택은 약 400만 원대다. 80평을 기준으로 한다면 광교는 약 4억 5,000만 원 중 20%인 9,000만 원, 동탄은 3억 4,000만 원 중 20%인 6,800만 원, 평택은 3억 2,000만 원 중 20%인 6,400만 원과 권리금을 준비하면 살 수 있다. 땅을 샀다면 사용 시기에 따라 건축을 한다. 건축비는 평당 350만~400만 원 정도면 무난하게 짓는다. 더 잘 짓고 싶으면 비싼 자재를 쓰면 되지만 상가주택의 특성상 건축비가 너무 비싸면 나중에 매매할 때 걸림돌이 된다.

건축할 때 목돈이 없는 경우도 많다. 이럴 때는 건축자금을 대출해 주는 은행도 있고 건축업자에게 약간의 계약금을 내면 공사를 먼저 하고 2~4층에 전세를 받아서 충당하는 방법도 있다. 땅이 있느냐 없느냐가 중요하지 자금 충당에는 여러 가지 방법이 있다. 나는 고객들에게 이주자택지를 많이 권해 주었다. 어떨 때는 무조건 사라고 윽박지르기도 했다. 상가주택처럼 알 먹고 꿩 먹는 투자처는 많지 않기 때문이다.

어느 날 상가주택지를 계약한 고객 신영범 씨가 예약도 없이 나를 찾아 왔다. 대기업에 근무하는 영범 씨는 친구와 같이 상가주택지를 매입했는데 갑자기 친구 핑계를 대며 해약하고 싶다고 했다. 목이 터져라 설득했지만 영범 씨는 이미 마음을 굳게 먹은 상태였다. 내게 트집을 잡고 계약금을 돌려 달라고 했다. 억지를 부리니 참을 수 없었지만 "알겠습니다. 돌아가 계시면 매도부동산에 연락해서 알려 드리겠습니다."라면서 분을 삼켜야 했다.

고객을 돌려보낸 뒤 나는 다시 한 번 그 필지를 주의 깊게 보았다. 다시 보아도 좋은 위치였다. 하천을 낀 남향 코너에 평수도 넓고 주위에 아파트가 있어 어느 것 하나 빠지지 않는 자리였다. 나는 나의 촉을 믿고 이 상가주택지를 내가 사기로 했다. 20년쯤 일하다 보니 오랜 경험에서 나오는 촉이 있다. 기회는 내 곁에 오래 머물지 않는다. 재빠르게 낚아챌 정도의 시간만 허락할 뿐이다. 나는 절차를 밟아 고객에게 계약금을 돌려주었고 그 상가주택지는 내 명의가 되었다.

나는 상가주택을 짓기로 했다. 부족한 돈은 임대 보증금과 대출을 이용하고 3층 주택으로 이사해서 1~2층에서 나오는 월세를 받기로 했다. 설계가 들어가고 꼬마빌딩을 짓기 시작해 흡족하게 완공되었다. 지금은 그때보다 3배가량 올랐다.

상가주택에는 3가지 장점이 있다. 첫째가 월세를 받는 것이고. 둘째가 땅값이 오른다는 것이다. 셋째가 내가 입주해서 살 수 있다는 것이다. 내게 온 기회를 놓치지 않아 상가주택을 구입할 수 있었고 좋은 노후 준비가 되었다.

    누군가는 기회를 잡고 누군가는 잡은 고기도 놓치고 만다. 왜 그럴까? 의식의 차이 때문이다. 계약은 했지만 상가주택에 대해 잘 알지 못하니 오른다는 확신이 없다. 그래서 공부를 필수로 해야 한다. 상가주택의 장점을 알고 근처 광교에 임장만 다녀왔어도 그런 우는 범하지 않았을 것이다. 나는 상가주택의 장점을 누구보다도 많이 알고 있고 영범 씨는 잘 알지 못해 불안과 두려움으로 잡은 고기를 놓게 된 것이다. 매물 선택에 자신감이 있으려면 그 매물이 얼마큼 오를 것인지를 알아야 한다. 가격이 오르고 내리는 것도 때가 있다. 상가주택은 건축을 할 수 있는 6개월 전부터 움직임이 빨라진다.

    고객 중에는 상가만 고집하는 사람도 있다. 상가주택과 상가는 다르다. 최근 2~3년 사이에 상가 가격이 많이 올랐다. 땅값과 인건비 등 건축비가 올랐으니 상가 가격이 오르는 것도 당연하지만 비싸게 사면 높은 월세로 임차인이 버티기 힘들 수도 있다. 적정한 월세여야 오래 유지된다. 또 임대가 맞춰지는 시간도 계산에 넣어야 한다.

    일반적으로 10층 상가를 짓는다고 할 때 들어갈 상가 개수는 100개 정도다. 이런 10층짜리 건물이 10개 정도 지어지면 그 상가들을 빠른 시간에 다 채울 수 없다. 1층 코너부터 문의가 들어

오고 치과나 약국 등 꼭 필요한 곳이 선점한다. 상가 임차인이 다 입점하려면 빠르게는 6개월부터 2~3년 걸리는 상가들도 많다. 상가를 분양할 당시에는 짓기만 하면 바로 임차인이 들어와서 월 500만~600만 원을 준다고 하지만 1층 코너 자리가 아니면 빠른 시간 안에 나간다는 보장이 없다. 더군다나 4~5층처럼 입점 업종이 애매하면 더욱 그렇다. 상가는 매력적이지만 그만큼 조심해야 하는 부분이 있다.

발품을 팔면 내 자금에 맞는 알짜배기 상가를 찾을 수 있다. 아파트와 다르게 상가는 오래된 것이 더 좋을 수 있다. 이미 상가가 활성화되어 있고 월세도 현실화되어 있는 경우다. 좋은 상가를 구하려면 현장 부근의 여러 부동산 중개사무소에 가게 된다. 추천해 주는 물건들을 리스트로 작성해서 하나씩 따져 보면서 지워 나가면 3개로 압축된다. 그 3개의 현장에 다시 가서 보고 유동인구와 가능인구를 살피다 보면 답이 나온다. 상가를 이용할 인구가 얼마인지, 어떤 동선으로 움직이는지를 자세하게 살펴야 한다. 상가는 한 발자국이 중요하기 때문이다.

단지 내 상가는 상가 중 가장 안전하다. 초기에는 입찰을 볼 수 있어 매력적이다. 상가 입찰은 초기 자금도 적게 들어가고 권리금을 붙여 매매할 수도 있으며 임대를 놓을 수도 있어 인기가 많다.

2년 전, 동탄 신도시에서 아파트 단지 내 상가 입찰을 많이 해 나도 단지 내 상가에 부동산 중개사무소를 오픈하려고 낙찰을 받았다. 2명의 중개 보조원이 있어서 단지 내에 오픈하려고 했지만 주변 임대료가 너무 비쌌다. 낙찰받으려면 주변 임대료로 수익률을 계산하고 입찰 가격을 써 넣어야 한다. 낙찰된 날 곰곰이 생각해 보니 주변 임대료 때문에 너무 비싸게 받게 되어 분명히 2년 후면 현실시세로 상가 가격이 내릴 것 같아 결국 권리금을 받고 팔았다. 지금은 임대료가 내려가서 낙찰금액 대비 좋은 수익률이 나오지 않는다. 낙찰은 누구나 받을 수 있다. 중요한 것은 낙찰금액이다.

이렇듯 상가는 여러 가지 꼼꼼하게 살필 것이 많다. 고객 중에는 퇴직을 앞두고 상가를 사고 싶어 하는 경우가 많다. 원룸이나 상가주택은 여러 세입자들을 만나야 하기 때문에 꺼려한다. 1층 코너에 상가를 산다면 한 사람만 세입자로 두고 아무래도 신경을 덜 쓰게 되기 때문이다.

사실 분양 상가는 일반 상가와 다르게 부동산 중개 수수료가 많다. 하지만 수수료보다 고객과의 관계를 더 중요하게 생각해야 한다. 한 번만 투자하고 끝나는 고객은 거의 없다. 많은 부동산 중개사무소에서 고객과의 만남이 일회성으로 끝나지만 나는 꾸준히 연을 이어가고 있는 고객들이 많다. 특히 퇴직을 앞둔 고객은 더 신경 써서 좋은 상가를 권해 준다. 남은 삶을 위해 평생을 모아온 돈으로 상가를 사는 것이기 때문에 최대한 심사숙고해서 소개한다.

월세가 나오는 좋은 상가는 평생 연금이 되어 큰 걱정 없이 노후를 책임져 준다. 넓은 땅을 보유한 상가주택의 매력은 상가와 땅 그리고 주택이라는 3가지를 충족시켜 주고 안전한 노후 대비까지 할 수 있다. 상가주택은 꿩 먹고 알 먹는 특급 투자처다.

잘 지은 상가주택
열 아들 안 부럽다

나는 아들만 둘이다. 내가 아들을 낳았을 때 친정엄마가 춤을 추며 좋아하셨다. 함박웃음을 짓던 엄마의 모습이 지금도 눈에 선하다. 지금은 아들만 둘이라고 하면 벌써 눈빛들이 달라진다. '불쌍하다'라는 반응이 즉각적으로 나온다. 시대가 변했다. 과거에는 보험처럼 든든하게 여겨졌던 아들은 다정하고 살가운 딸에 비해 평판이 떨어졌다. 실제로 딸을 가진 친구들을 보면 가끔 부럽기도 하다. 하지만 하나가 길면 하나는 짧은 것이 세상 이치다. 나의 두 아들은 다정한 성격은 아니지만 생각이 깊다.

우리 가족이 살던 수지의 대형 아파트에는 경제적으로 여유 있는 기업인이나 법조인들이 많이 살았다. 반상회에 모이면 다들 자식 자랑에 여념이 없었다. 어느 날 같은 라인에 살고 있던 노부인이 우리 부동산에 왔다.

"어떻게 이렇게 오셨어요. 전화 주시면 퇴근하면서 댁에 들러도 되는데요."

"속상하고 창피해서 다른 부동산 중개사무소에 가려고 했는데 그러면 더 소문이 날까 봐 못가겠어요."

그녀의 말에 따르면, 결혼한 아들이 사업을 시작했는데 사정이 어려워지자 부모의 집을 담보로 대출을 받았다는 것이다. 하지만 상황이 점점 악화되어 결국에는 집이 경매로 넘어 갔단다. 집을 비워 줘야 하는 날짜가 얼마 안 남아 월세 방이라도 얻어야 한다고 했다. 부부끼리만 살면 멀리 지방에라도 가고 싶은데 며느리가 일을 해야 해서 어린 손주들을 돌봐 줘야 하기 때문에 근처에 보증금 2,000만 원으로 얻을 수 있는 아파트를 알아봐 달라고 부탁했다. 연세도 있고 나름 여유 있게 살다가 노후에 이런 일을 당하는 것을 보니 안쓰러웠다.

이런 경우가 은근히 많다. 말 못하고 동네를 떠난 사람들이 종종 있다. 성인인 아들이 사업을 한다고 거액의 돈을 빌려달라고 하면 처음에는 거절하지만 아들이 괴로워하면서 설득 반, 협박 반으로 졸라대면 할 수 없이 대출을 받아서 주게 된다. 아들이 성공한다면 다행이지만 실패하면 아들도, 부모도 다시 일어날 수 없는 최악의 상황이 된다. 성인이 된 아들이나 은퇴한 부모나 꼭 지켜야 할 일은 각자의 인생을 인정하는 것이다. 자식의 사생활도 부모의 돈도 알맞은 거리를 두어야 한다.

노후에는 집만 있어도 큰 어려움 없이 살 수 있다. 그 노부인의 집만 해도 당시 7억 원가량 했다. 노부부가 살기에는 25평도 좋다. 물론 넓은 평수에 계속 살면 좋겠지만, 수입이 없으면 큰 집을 팔고 25평짜리 2채를 사서 한 채는 직접 살고 한 채는 월세를 주면 생활에 보탬이 된다. 약간의 대출을 끼고 3개를 산다면 생활할 수 있는 기본은 된다. 또 택지지구 내에 상가주택을 지을 수도 있다. 4층으로 짓는다면 1층은 상가로 임대하고 2~3층은 전세로, 4층은 직접 살 수 있기 때문이다.

평택 고덕신도시 점포주택지로 예를 들어 보자. 땅값이 3억 원, 권리금이 3억 원이라고 한다면(땅값에서 80%로 대출이 가능하지만 돈이 있기에 대출을 받을 필요는 없다.), 6억 원 + 2,000만 원(부동산 수수료 및 등록세) = 6억 2,000만 원이 필요하다. 건축비는 통상 6억 원(엘리베이터 포함)으로 계산하면 2~3층 투룸 전세(약 1억 3,000만~1억 4,000만 원 × 4 = 5억 2,000만~5억 6,000만 원)와 1층 보증금(약 5,000만 원)으로 해결 가능하다. 건축 등록세와 경비(약 1,000만 원), 예비비(3,000만 원)까지 6억 6,000만 원이 있으면 국내 최대 삼성 산업단지가 있는 평택 고덕신도시에 상가주택을 지을 수 있다. 그리고 1층 상가에서 나오는 월세로 평생 월급을 받는다. 2년이 지나면 투룸 4개의 전세 가격이 오를 것이다.

실제로 동탄 신도시에 상가주택을 지은 경우도 마찬가지다. 동탄은 평택 고덕보다는 불리하다. 3층까지 짓기 때문이다. 그래도 수익률이 나쁘지 않다. 젊은 직장인들도 비싼 아파트보다 상가주택을 갖고 있으면 월세를 받아 월급을 두 번 받는 것이다. 1층 상가에서 나오는 월세는 노후자금으로 비축해 놓을 수도 있다. 2층 투룸 2개의 전세금으로 평택항 부근의 상가나 땅을 구입해도 좋다.

동탄에서 부동산 중개 일을 하던 어느 날, 아가씨 같은 모습의 장연주 씨가 사무실로 들어 왔다. 나는 그녀가 전세를 얻으러 온 사람이라 생각하고 인사했다.

"어서 오세요. 집 구하러 오셨어요?"

"아니요, 저는 이주자택지에 관심이 있어서 알아 보려고 왔어요."

얼굴도 목소리도 대학생이라고 해도 믿을 만큼 어린 티가 났다. 이주자택지에 관심이 있기에는 너무 어려서 이주자택지에 대해서 아시냐고 물어 봤더니 이주자택지에서 미용실을 하고 있어서 잘 안다고 답했다. 그녀의 진지한 태도에 나는 직감적으로 살 사람이라는 것을 느꼈다.

연주 씨는 1동탄의 점포주택지 1층에서 미용실을 하고 있었다. 주변에 대기업도 있고 솜씨도 좋아 미용실은 잘되었다. 하지만 결혼을 해서 아이가 있다 보니 늘 멀리 사는 친정엄마에게 아이를 부탁해야 했다. 집이 멀어서 친정엄마는 월요일에 왔다가 금요일

저녁에 가곤 했다. 토요일은 남편이 아이를 보고 일요일은 연주 씨가 아이를 보았기 때문에 실상 그녀는 하루도 쉬는 날이 없는 만성 피로와 아이에 대한 죄책감도 안고 있었다. 친정아버지는 노년에 홀로 식사를 챙기며 외롭게 지내니 연주 씨는 쥐구멍이라도 있으면 들어가고 싶은 심정이라고 했다. 연주 씨는 상가주택을 지어서 1층에 미용실을 하고, 2층에 쓰리룸과 투룸을 지어 쓰리룸에는 그녀의 가족이 살고 투룸은 월세를 놓고, 3층 주인세대에는 친정 부모님을 모실 생각이라고 했다. 나는 너무 좋은 생각이라고 칭찬하면서 필지를 골라 주었다.

아파트 바로 정문은 아니지만 저렴한 금액에 좋은 위치가 있었다. 연주 씨의 자금은 전세금 2억 원에 모아 놓은 돈을 합해 4억 원이 조금 넘었다. 땅값 3억 원 중 80%를 대출받고 권리금으로 2억 5,000만 원을 주었다. 등록세와 부동산 수수료 등을 합쳐 총 3억 3,000만 원이 들어갔다.

건축은 계약금 5,000만 원을 주고 나머지는 준공 후에 주기로 했다. 그렇게 일사천리로 진행되어 건물은 6개월 후 완공되었다. 지금 2층에는 연주 씨 가족이 살고 3층에는 친정 부모님이 아이를 봐 주며 살고 있다. 친정 부모님이 살던 쌍문동의 아파트는 월세를 주어서 부모님의 용돈도 해결되었다. 미용실은 아직 옮겨오지 못하고 있지만 그녀는 너무 편안하고 행복하다고 했다.

잘 지은 상가주택만 있어도 여러모로 쓸모가 많다. 요즘은 연주 씨처럼 부모님과 함께 생활하는 젊은 부부가 많다. 아이를 안심하고 맡기기에는 친정 부모만큼 좋은 선택이 없다. 상가주택은 세대가 분리되면서 도움도 받을 수 있어 더욱 좋다.

사실 상가주택은 그렇게 큰돈이 들어가는 것은 아니다. 전세금으로 건축비를 충당할 수 있어서 초기에 저렴하게 산다면 강력하게 추천하는 수익형이자 차익형 부동산이다.

내 노후를 책임질 사람은 나밖에 없다. 전혀 준비하지 못한 상태에서 맞이하는 퇴직은 가정불화와 이혼으로까지 이어지는 경우도 있다. 그래서 상가주택은 일찍 준비할수록 좋다. 아이들의 학교 때문에 옮기지 못한다면 주인세대를 전세로 주어도 된다. 죽을 때까지 월급 같은 월세가 나온다면 어느 아들 못지않은 효자인 셈이다. 잘 지은 상가주택은 열 아들, 열 딸도 안 부럽다.

5년 안에 꼬마 빌딩 갖기

"부를 얻는 것에 실패한 사람은 부를 경멸한다."

로저 베이컨의 말이다. 나는 이 말을 바꿔 말하고 싶다. "부를 경멸하는 사람은 결코 부자가 될 수 없다."라고. 돈이 인격을 높이고 순위를 정하는 시대다. 그것을 부정하지 말자. 세상에 태어난 이상 싫든 좋든 돈과는 떨어질 수 없다. 돈을 쓰든 돈을 벌든 돈과는 한 시도 떨어져서 살 수 없다. 돈을 경멸해야 당신의 인격이 높아지는 것은 절대 아니다. 돈이 있어도 써야 할 곳에 쓰지 않는 것을 경멸해야 한다.

당신은 부자가 될 기회를 찾고 준비해야 한다. '부동산 불패'라는 말이 있듯 부동산 없는 부자는 없다. 또한 실패 경험이 없는 부동산 부자도 없다. 실패도 부자로 가는 과정이다.

나는 1997년, 아이들이 유치원에 다닐 때 충주에서 분당으로 이사했다. 충북 음성에서 설계사무실을 운영하던 남편이 용인으로 회사를 이전했기 때문이다. 그리고 아이들이 학교에 입학할 때쯤에는 강남으로 이사를 가겠다는 계획이 있었다. 그때 나는 잠실 2단지(지금의 리센트아파트) 재건축 아파트를 가지고 있었는데 그 아파트는 평수가 작아 팔고 강남의 다른 아파트로 이사를 가려고 했다. 우리 아이들과 같은 유치원에 다니는 아이를 둔 친구 미애도 나와 같은 생각을 하고 있었다. 나는 미애와 함께 강남의 모델하우스와 아파트 등을 보러 다녔다.

그때 강남 삼성동의 아이파크아파트가 미분양 상태였다. 나는 그 아파트를 꼭 사고 싶었다. 한강과 도심이 내려다보이고 무엇보다 우수한 교육환경을 자랑하는 지역이기 때문에 아이들을 위해서도 그곳에 살고 싶었다. 주변 상권과 병원 등 다 마음에 들었다. 하지만 내가 보유한 금액으로는 어림없는 일이었다.

나는 미애에게 아이파크아파트를 사라고 했다. 그녀의 시댁이 부자이고 남편이 수원 지방법원 검사였기에 여유가 있었다. 그녀는 처음에는 너무 비싸고 미분양인데 나중에 집값 떨어지면 어떻게 하냐며 손사래를 쳤다. 그러나 내 생각은 달랐다. 일단 학군이 좋았고 또 한강이 있다는 것은 가격이 오를 여지가 많았다. 지금도 학군과 환경이 좋으면 가격이 떨어지지 않는다. 나는 교육열이 남달랐던 미애에게, 최고의 학군이고 분양받으면 틀림없이 오른다고 장담했다. 결국 미애는 아파트를 계약하고, 분당의 아파트를 팔고 대출과 시댁의 도움을 받아 입주했다. 그때 가격은 8억 원이 조금 안 됐지만 지금은 40억 원 정도 된다. 미애는 만날 때마다 나에게 인생의 은인이라고 한다.

어느 날 미애와 함께 저녁을 먹던 중이었다. 그녀는 아이들과 미국으로 유학을 갈 계획인데 삼성동 아파트를 팔고 미국에 주택을 사면 어떻겠냐고 물었다. 아파트를 사서 가격이 오르는 것을 경험한 미애는 그때부터 부동산 투자를 하고 있었다. 강남에 살고 있어 강남에 대해서는 나보다 더 잘 알고 있었고 정보도 빨랐다. 그래도 무언가를 결정할 때면 항상 나와 의논했다. 당시 아이파크 아파트는 28억 원이었다. 미국에 가면 10년 이상 살아야 하고 또 아이들이 계속 공부해야 하니 그곳에 집을 사고 싶다고 했다. 나는 반대했다. 미애와 만나기 며칠 전 본 신문 기사를 이야기하며 한국에 있는 집을 무조건 팔면 다시는 한국에 와서 살지 못할 수도 있고 남의 나라에서 떠돌이처럼 살아야 한다고 겁도 살짝 주었다.

나는 미애에게 미국에서 살다가 죽을 것도 아니고 아이들 교육만 끝나면 다시 와야 하는데 차라리 전세를 놓고 그 전세금으로 상가 건물을 사라고 조언했다. 상가 건물을 사면 월세가 나오니 미국에서도 안심하고 생활할 수 있다.

내가 그렇게 상가를 사라고 한 이유가 있다. 나도 그때 캐나다에 가려고 준비하고 있었기에 분양권을 팔고 상가를 사서 월세를 받으면 어떨까 알아보던 중이었다. 미애와 나는 이번에도 강남의 상가 빌딩을 구하러 같이 대치동, 청담동을 누볐다.

그러던 중 청담동 이면에 있는 5층짜리 상가를 소개받았다. 상가 건물이 낡아서 리모델링을 해야 하지만 유동인구와 배후가 탄탄했다. 전세 보증금과 대출, 건물 보증금 등을 합쳐서 매입이 가능했다. 수익률은 많이 나오지는 않았지만 추후 리모델링만 잘한다면 수익률과 땅값 등 2~3마리 토끼를 한 번에 잡을 수 있는 상가였다.

그렇게 상가 빌딩을 구입하고 비슷한 시기에 나는 캐나다로, 미애는 미국으로 떠났다. 그리고 얼마 있지 않아 미국발 리먼 브라더스 사태가 났다. 만약 그때 미애가 한국의 집을 팔고 미국에서 집을 샀다면 대폭락으로 다시는 한국으로 돌아오지 못했을 수도 있다.

나는 상가 빌딩을 사면서 빌딩의 매력에 빠졌다. 빌딩은 상가와는 다르다. 상가는 따져 봐야 할 것도, 변수도 많다. 나도 동대문에 있는 테마상가로 돈을 날리고 신용등급까지 내려간 적이 있다. 고객 중에도 상가로 망한 사람이 있다. 상가에 대해 잘 알지도 못하면서 임대료가 많이 나온다는 말에 현혹되어 계약을 하면 결국 큰 손해를 보게 된다. 상가는 임대수익을 보고 매입하지만 상가 빌딩은 임대수익과 자본수익을 같이 볼 수 있다. 그래서 나는 우리 사무실에 상가를 사기 위해 오는 고객들에게 상가 빌딩을 많이 소개한다. 실제로 상가를 산 사람과 상가 빌딩을 산 사람은 자산 규모가 달라진다.

그러나 하루아침에 빌딩을 살 수는 없다. 지방의 원룸 빌딩이나 상가주택 빌딩 등 낡은 꼬마 빌딩이라도 8억 원 정도 한다. 대출과 보증금을 빼고라도 4억 원 정도는 있어야 한다. 하지만 돈이 없다고 포기하기는 이르다. 죽기 살기로 종잣돈을 모아라. "언제 돈을 모아 집을 사?"라고 하면서 고급 차를 사고 무분별한 카드 생활을 하는 사람들이 많다. 그러니 돈을 모으지 못하는 것이다. 고수와 하수의 차이는 '확실하고 명확한 목표가 있느냐 없느냐'다.

소액이라도 종잣돈을 만들면 눈사람처럼 커질 수 있다. 내 돈에 맞춰서 두 마리 토끼를 잡는 소액투자를 할 수 있다. 그렇게 5년을 투자해서 5억 원이 되었다면 이제 빌딩 주인이 될 수 있다. 경기도 택지지구에서도 10~12억 원 하는 점포주택 빌딩을 살 수 있다. 1층은 상가로 임대를 주면 보증금과 월세가 나온다. 2~3층은 전세를 주면 5억 5,000만 원 이상 나온다. 또 땅을 사서 짓는다면 내 취향에 맞게 지을 수도 있고 투자비용도 더 저렴해진다. 땅을 사면 건축비는 전세 보증금으로 해결할 수 있다. 주인세대에 살면서 옥상에 텃밭도 가꾸고 여유롭게 살 수 있다. 원룸 빌딩도 똑같다. 이렇게 70~80평의 땅에 건물을 지으면 월세는 물론이거니와 땅값이 올라 자산이 늘어난다.

누구나 살면서 3번의 기회가 온다고 한다. 나도 위기를 넘기고 종잣돈을 마련해 분양권 투자로 다시 목돈을 만들 수 있었다. 실패가 초석이 되어 예전과는 다르게 투자를 했고 지금은 꼬마 빌딩을 갖고 월세를 받으면서 여러 곳의 땅에도 투자하고 있다.

내가 이렇게 성공한 것은 꿈과 목표 그리고 열정이 있었기에 가능한 일이었다. 준비하고 기회가 왔을 때 실행했던 결과다. 위대한 기업의 CEO와 부자들에게는 공통점이 있다. 그들은 결코 허둥대거나 머뭇거리지 않는다. 또한 눈앞에 다가온 기회를 절대 놓치지 않는다. 나도 했으니 당신은 더 잘할 수 있다.

삶의 질이 달라지는 부동산 투자를 경험하라

질 높은 삶이란 어떤 삶일까? 누가 뭐라 해도 돈을 떠나서는 말할 수 없다. 돈을 버는 이유도 내가 하고 싶은 것을 하고, 갖고 싶은 것을 갖기 위해서다. 나는 부동산 중개인으로는 성공했다. 늘 부지런하게 공부하고, 고객들이 성공적으로 투자할 수 있도록 열심히 도왔기 때문이라고 스스로 자부한다.

그러나 부동산 투자는 달랐다. 직접 투자를 시작하면서부터 항상 올랐기에 내가 투자를 잘한다고 생각했다. 그래서 거침없이, 과감하게 투자했다. 결과는 처참했다. 투자의 실패는 곧 내 모든 삶이 실패한 것처럼 평가되었다. 내 가치관이 무엇인지, 어떤 것을 지향하는지, 내 꿈이 무엇인지는 아무 상관없이 그저 실패한 사람으로만 낙인찍혔다. 모든 것이 나를 힘들게 했다. 그렇게 힘든 하루하루를 버티고 견뎌내야만 했던 그 시절은 잊을 수가 없다. 특히 은행에서의 이자 독촉은 피를 말리는 듯 했다. 또 하루하루 쌓여 가는 고지서와 외국에서 공부하고 있는 아이들의 학비 등에 정신을 차리기 힘들었다. 아침에 눈 뜨기가 싫었다. 잠에서 깨어나도 한동안 눈을 감고 가만히 누워 있었다. 그날 하루를 어떻게 견딜지 두려웠다. 이 고통에서 벗어날 수 없을 것 같다는 생각에 하루하루가 공포 그 자체였다. 사업하다 부도가 나서 자살을 택하는 사람들을 이해하게 되었다. 2008년 미국에서 발생한 리먼 브라더스 사태로 나를 비롯한 수많은 부동산 투자자들이 이러한 경험을 했다. 실제로 판교와 동탄에서 두 명의 부동산 투자자가 자살했다.

경제적인 안정 없이 삶의 질은 논할 수 없다. 우울과 불안으로 고통받는데 무슨 삶의 질이 있겠는가? 물론 돈을 잘 쓴다고 삶의 질이 높다고는 할 수 없다. 그러나 쾌적한 의식주와 최소한의 품격을 지키고, 가까이 있는 사람들과 기쁨과 슬픔을 나누고 감사함을 표현하고 싶을 때는 돈이 필요하다. 적당한 돈이 있으면 삶의 여유도 따라온다.

옛말에 "돈 떨어지면 정 떨어진다."라고 했다. 돈 없으면 행복도 없다는 부부 사이를 말하는 것이다. 사랑이 전부인 젊은 사람들은 이해하지 못할 수도 있지만 조금 살아 본 사람들은 이해할 것이다. 돈 떨어진 집에는 싸움이 잦다. 그러다 보면 서로에게 상처를 주고 정이 떨어지는 말을 하니 부부 사이도 멀어지고 불안한 가정이 된다. 튼튼한 가정을 만들기 위해서도 돈이 있어야 하고 행복한 웃음소리를 들으려면 부자가 되어야 한다. 또 돈이 없다고 하면 주위에서 무시할 때도 있다. 병아리 눈물만큼 더 가졌다고 돈이 없어 힘들어하는 사람을 무시하는 불쌍한 사람이 내 주위에도 있다.

언젠가 신문에서 "이혼율이 가장 낮은 곳은 강남, 가장 높은 곳은 인천"이라는 기사를 봤다. 경제적 여유가 있는 강남 사람들은 이혼을 잘 안 한다는 것이다. 배우자가 잘나서 그런 것보다 경제적 여유가 있으면 배우자의 작은 허물 정도는 덮어 줄 수 있고 스트레스 또한 어느 정도는 돈으로 풀 수 있기 때문이다. 반면, 인천 지역의 이혼율이 높은 이유는 남동공단 등에서 일하는 영세 공장들의 경제 문제로 인해 불화를 겪기 때문인 것으로 분석했다. 돈으로 고통받으면 신경이 고슴도치처럼 날카로워져 있기 때문에 상대방의 작은 실수조차 용서할 수 없어 싸움이 잦아지고 이혼까지 하게 된다는 것이다.

내가 존경하고 닮고 싶은 진정한 부자가 있다. 전북 옥구에서 태어난 그녀는 어린 시절부터 불쌍한 친구들을 그냥 지나치지 못하는 착한 마음씨를 갖고 있었다. 머리도 좋고 공부 욕심도 있어 서울대 의과대학에 합격하고 졸업 후 병원을 개업해 크게 성공했다. 그녀의 학구열은 거기서 끝나지 않고 다시 미국 의사 자격시험에 합격해 1964년 32세의 나이로 뉴욕에 갔다. 미국에서 편하게 살 수도 있었지만 그녀는 사명감을 갖고 가난한 조국으로 돌아와 선진국의 의술을 펼치며 병원을 세웠다.

그녀는 하루 4시간 이상을 자 본 적이 없다고 한다. "잠을 자는 사람은 꿈을 꾸지만 잠을 이기는 사람은 꿈을 이룬다."라는 격언으로 잠의 유혹을 넘겼다. 1978년에는 전 재산을 병원에 출연해 우리나라 의학계에 한 획을 그었다.

그녀는 미국 시사 주간지 〈뉴스위크〉가 선정한 '세계를 움직이는 여성 150인'에 오른 가천대학교 총장 이길여다. 그녀는 "봉사는 덕을 쌓는 것이고 덕을 쌓으면 반드시 돌아오는 것이다."라는 어머니의 말씀을 가슴에 품고 봉사하는 삶을 살아 왔다.

그녀는 저서 《간절히 꿈꾸고 뜨겁게 도전해라》에서 "도전하는 사람만이 꿈을 이룬다. 해 보지 않고 처음부터 포기하는 것은 비겁한 일이다."라고 말했다. 또한 "평범한 보통사람은 죽도록 노력을 해야 뭔가를 이룰 수 있다. 그 원동력은 바로 철저한 목표의식이다. 분명한 목표를 가지고 죽기 살기로 열정을 다해 매달리는 사람은 누구도 당해낼 수 없다."라고 말했다. 나는 이 책을 보면서 평범한 보통사람으로서 죽도록 노력하겠다고 다짐했다. 당신도 평범한 보통사람이라면 죽도록 노력해서 하고 싶은 것을 이루기 바란다.

나는 성공하기 위해 성공한 사람들의 삶을 알고 싶었다. 그래서 전 세계 성공한 사람들의 책을 많이 읽는다. 그들이 공통적으로 하는 말이 있다. 그것은 확실하고 명확한 목표를 가져야 한다는 것이다. 꿈이 있어야 꿈을 이루고 성공을 하게 된다고 한다. 또한 나눔이 있어야 진정한 성공이라고 한다.

어느 신문에서 죽음을 앞둔 사람들과 인터뷰를 했다. '죽기 전에 가장 후회되는 일'과 '만약 다시 산다면 하고 싶은 일이 무엇인지'에 대해 물었다. 많은 사람들이 '봉사'라고 답했다. 살면서 봉사하지 못한 것을 가장 후회하고, 다시 산다면 남을 위한 봉사를 하고 싶다고 고백했다고 한다.

누구나 부자가 되고 싶다. 나도 열심히 살아 왔지만 미래를 계획하고 목표를 정해서 한 것이 아니라 그저 적은 돈에 연연해하며 한 푼이라도 아끼려 노력했다. 무엇을 하는지 반문도 없이 말이다. 그러나 지금은 다르다. 큰 꿈을 꾸면서 목표를 정하고 작은 계획을 완성하면서 나아가려 한다. 열정을 가지고 큰 그림을 그린다. 지금도 적은 돈은 아끼지만 나에게 투자하는 큰돈은 아끼지 않는다. 배움에는 더욱 그렇다. 나는 부동산 투자로 실패했지만 부동산 투자로 다시 성공했다. 부동산이 아니면 불가능했을 것이다. 부동산 투자는 내 인생이 되었고 앞으로도 나는 부동산 투자자로서 성공한 사람으로 인식되고 존경받게 될 것이라 믿는다.

일본의 유명한 컨설팅 회사 CEO 마스다 토시오는 저서《최고 부자가 되는 세 가지 원칙》에서 첫 번째 원칙으로 "최고 부자를 목표로 하라."고 말한다. 최고 부자를 목표로 하는 사람과 그렇지 않은 사람은 추구하는 것이 다를 수밖에 없다. 목표를 크게 가져라. 부자가 되기를 원하면 최고 부자가 되겠다는 목표를 가져라. 질이 다른 삶을 살기 위해 최고 부자가 되어 보자.

불안한 노후 한 방에 해결하는 원룸 빌딩에 투자하라

　백세시대에 당신은 어떻게 노후 준비를 하고 있는가? 이제는 20대부터 노후 준비를 해야 한다. 노후 준비는 한꺼번에 하는 것이 아니고 가랑비에 옷 젖듯이 해야 하는 것이다. 노후 준비가 안 된 직장인들은 퇴직 후를 생각하면 불안하다. 60세에 정년퇴직을 하고 40년을 더 살아야 하는데, 연금만으로는 부족하기 때문이다. 회사가 전부인 것처럼 일했지만 나이가 들면 자리를 내 주고 떠나야 하는 것이 직장인이다. 지금 퇴직하는 50대들은 1980년대에 취직을 했다. 그때 우리나라는 후진국에서 중진국으로 가는 과도기여서 너 나 할 것 없이 불철주야로 일했다. 회사가 모든 것이고, 인생이었다. 그런 그들이 퇴직을 앞두고 불안한 노후를 걱정하고 있다.

어느 날, 막 퇴근하려는데 한 중년 남자가 사무실로 들어 왔다. 그날도 연이은 계약으로 몸은 천근만근이었지만 상담을 시작했다. 현재 직장에 다니고 있다는 홍성식 씨의 이야기를 들어 보았다.

"제가 내년 봄에 퇴직을 해서 그 후에 할 일을 찾아보고 있습니다. 좀 알아보니 요즘 편의점이 잘된다고 하는데 혹시 매물로 나온 것 있습니까?"

잘되는 편의점은 매물로 나오기가 힘들다. 장사는 잘되지만 사정이 있어 못하게 되면, 자기의 친인척이나 주변 사람들에게 팔기 때문이다. 나는 성식 씨에게 편의점을 하려면 새로 입주하는 아파트나 중·고등학교를 끼고, 혹은 젊은 남자들이 많이 이동하는 곳에 오픈하는 것이 더 빠르다고 설명했다. 그리고 편의점을 하고 싶다면 부동산보다 편의점 본사에 문의해 보는 게 좋다고 이야기했다. 고개를 끄덕이던 성식 씨는 솔직하게 이야기해 주어서 고맙다고 하면서 다시 질문했다.

"제가 학창시절에 공부는 좀 했습니다. 그래서 공인중개사 자격증을 따고 부동산 중개사무소를 오픈하면 어떻겠습니까?"

"그것도 좋은 방법이긴 합니다. 혹시 직장에서 영업을 하거나 부동산과 연관된 일을 하시나요?"

"아닙니다. 저는 무역회사에서 수출입을 담당하는 일을 합니다."

내가 보기에 성식 씨는 부동산 중개 일이 어울리는 사람이 아니었다. 물론 공인중개사 자격증을 따고 능력 있는 부동산 중개보조인을 채용해 사무실을 운영할 수는 있다. 하지만 부동산 중개인은 그렇게 만만한 일이 아니다. 퇴직한 60대 남자가 급작스럽게 부동산 중개사무소를 오픈해 잘되는 것은 거의 보지 못했다. 부동산 중개인은 고객의 큰돈을 움직이는 직업이다. 그래서 신뢰가 있어 보여야 한다. 전문가적인 기운이 하루아침에 생기는 것은 아니다. 젊은 나이에 시작하면 노력에 따라서 생길 수 있지만 60대에 시작해서는 호락호락하지 않다. 초기 자금도 상당히 많이 들어간다. 잘못 하다가는 그나마 있던 돈까지 까먹고 문 닫기가 십상이다.

그날은 너무 늦어서 다음을 기약하고 헤어졌다. 다음에 올 때는 먼저 전화를 하고 부인과 꼭 같이 오라고 했다. 요즘은 여자 혼자 결정하는 사람은 있어도 남자 혼자 결정하는 사람은 없다. 그래서 남자 고객이 혼자 오면 꼭 부인과 같이 오라고 한다.

이틀 후 성식 씨는 전화를 하고 부인과 함께 왔다. 부인은 전업주부로, 얌전하고 교양 있어 보였다. 나는 부인에게 남편이 편의점과 부동산 중개사무소에 대해 물어 본 것을 이야기해 주었다. 부인은 "남편은 장사할 사람이 아니에요. 꼼꼼하고 샌님 스타일인데 장사한다고 할까 봐 걱정이에요."라면서 불안한 눈빛으로 말했다. 자금을 물어 보니 퇴직금과 살고 있는 아파트가 전부라고 했다. 퇴직하고 쉬면서 천천히 생각하려고 했는데 남편이 무조건 가

보자고 해서 왔다고 했다.

살고 있는 아파트에 퇴직금만 있다고 하면 다달이 나가는 생활비 때문에 쉬어도 쉬는 게 아니다. 마음이 쪼그라든다. 있는 돈을 곶감 빼 먹듯이 빼 먹는데 어떻게 여유가 생기겠는가? 자연스럽게 전기세, 수도세는 물론이고 무엇이든지 최대한 아껴야 하는 자린고비가 될 것이다.

나는 이렇게 퇴직을 앞둔 사람들에게는 원룸 빌딩을 권한다. 하지만 처음부터 원룸 빌딩을 사라고 하면 대부분이 "그렇게 비싼 걸 어떻게 사요. 돈도 없는데…"라는 반응을 보인다. 그래서 일단 자금 사정이나 잘할 수 있는 일이 무엇인지 물어 고객을 파악한다. 확실한 계획이 없거나, 무엇을 해야 좋을지 막연한 사람에게 원룸 빌딩을 권한다.

원룸 빌딩의 장점은 많다. 첫째, 1인 가구가 계속 늘어나고 있는 우리나라에서 앞으로도 유망한 수익성 부동산이다. 둘째, 원룸 빌딩은 망하지 않는다. 위치가 아주 나빠 공실이 많거나, 아주 비싸서 수익률이 나오지 않는다면 몰라도 웬만해서는 망하지 않는다. 셋째, 원룸 빌딩만 있어도 생활비가 해결된다. 한 취업포털 사이트의 조사에 의하면 퇴직을 한 부부에게 필요한 한 달 생활비는 185만 원이다. 또 다른 사이트에서는 235만 원으로 조사되었다. 평균을 내면 210만 원이다. 웬만한 원룸 빌딩이라면 못해도 월 210만 원은 나온다.

지역마다 차이는 있지만 원룸 빌딩을 지으려면 대지 80~100평이 필요하다. 가구당 주차 수를 빼고 원룸을 지으면 대략 12~19개까지 나온다. 보통 원룸 빌딩의 가격은 땅값과 건축비를 합하고 수익률을 계산한다. 원룸 빌딩을 살 때, 집을 팔지 않고 가지고 있는 돈으로 살 수 있으면 아주 좋다. 그러나 자금이 모자라면 대출을 받을 수 있다. 그것도 모자라면 집을 팔고 전세나 반전세로 살고 대출을 받아서 원룸 빌딩을 살 수 있다.

그렇게 해서 원룸 빌딩을 샀다면 못해도 월 270만 원은 나온다. 원룸 월세를 평균 45만 원으로 잡고 15가구를 계산하면 675만 원이 나온다. 10억 원을 연 3.5%로 대출받는다고 해도 대출이자는 290만 원이다. 675만 원-290만 원=385만 원이다. 여기에 매달 비용으로 75만 원을 공제한다. 그래도 320만 원이 나온다. 여유비로 50만 원을 다시 공제해도 월 270만 원이다. 거기에 국민연금을 받으면 퇴직을 해도 노후에 여유가 생긴다. 거기다가 웬만한 지역이면 땅값도 오른다. 오랜만에 만난 친구에게 술 한 잔 살 수 있고 점심 값도 내 줄 수 있다.

2001년, 우리 부부는 분당 오리역 주변에 원룸 빌딩을 지었다. 남편 친구와 같이 건축했다. 남편은 우리가 가지고 있던 성복동 대형 아파트를 팔아서 그 원룸 빌딩을 인수하자고 했지만 나는 반대했다. 원룸 빌딩의 주인이 되면 임차인들이 수시로 이거 해 달라, 저거 해 달라 전화할까 봐 싫다고 했다. 그리고 그때 마침, 분양권 시장이 활기를 띠었다. 분양권 가격이 하루가 다르게 오를 때여서 나는 그 원룸 빌딩을 팔고 분양권에 투자하고 싶었다.

땅을 사서 직접 건축을 하고 임차인을 다 채워 놓고 매매했기 때문에 이익은 많이 남았다. 매매 대금은 약 11억 원이었다. 지금도 큰돈이니 당시에는 더 큰돈이었다. 그렇게 매매를 하고 얼마 지나지 않아 그 원룸 빌딩 옆으로 아파트가 들어온다고 했다. 그러면 땅값이 오를 것이고 편의시설이 생기면서 원룸 빌딩도 훨씬 좋아지고 땅값도 많이 오른다. 나는 팔아 버린 것이 후회됐지만 버스는 이미 떠나가 버린 뒤였다.

시간이 가고 나이가 들수록 그 원룸 빌딩을 판 것이 아쉽기만 하다. 물론 그 원룸 빌딩을 판 돈으로 분양권 투자를 해서 많은 돈을 벌었다. 하지만 그 원룸 빌딩 하나만 가지고 있어도 노후까지 편안하게 살 수 있었을 것이다. 나는 투자자에게는 수익형 부동산이 한 개쯤은 꼭 있어야 한다는 이때의 교훈을 투자의 초석으로 삼고 있다.

나는 이후에도 원룸 빌딩에 지대한 관심을 가지고 있다. 원룸 빌딩은 앞으로도 유망한 수익형 건물로, 퇴직을 앞둔 직장인이나 은퇴자에게 안성맞춤이다. 앞서 상담한 고객처럼 아파트와 퇴직금이 있으면 원룸 빌딩을 살 수 있다. 대부분 사람들은 집은 있어야 한다고 생각한다. 집을 파는 것에 대해 상당히 부정적이다. 물론 집을 팔지 않고 살 수 있다면 얼마나 좋으랴.

하지만 자금이 부족하면 관점을 바꾸어라. 집을 팔고, 대출도 받아서 원룸 빌딩을 사는 것도 나쁘지 않다. 대출이자를 빼고 생활비가 나오고 땅값이 오른다면 집만 있는 것보다 훨씬 나을 수 있다. 위치가 좋으면 더 좋지만 무엇보다 자금에 맞는 원룸 빌딩을 구해야 한다. 손품과 발품을 팔면 원하는 원룸 빌딩을 찾을 수 있다. 집을 팔지 않고 원룸 빌딩을 살 경우에는 살고 있는 집 주변으로 구입하라. 관리하기도 좋지만 부동산을 살 때는 내가 잘 아는 곳이 제일 좋다.

원룸 빌딩을 꼭 은퇴 후에 살 필요는 없다. 조금 앞당겨서 여유 있게 준비한다면 더 좋은 원룸 빌딩을 구할 수 있다. 또 일찍 원룸 빌딩을 생각했다면 굳이 다 지어 놓은 원룸 빌딩을 살 필요 없이 원룸 빌딩을 지을 만한 땅을 먼저 사는 것도 좋다. 충분한 시간을 가지고 진행한다면 최적의 설계가 나올 것이고, 건축 과정에 참여해서 더 꼼꼼하고 튼튼하게 지을 수 있다.

4

소액 투자로
16배 빠르게
부자 되는 법

3억 원으로 상가주택 짓기

　나는 오랫동안 상가주택과 땅 중개를 많이 했다. 주로 동탄에서 했지만 지금은 전국적으로 한다. 그러다 보니 전국에 있는 다른 부동산 중개사무소에 자주 간다. 그곳에서 부동산 중개인의 브리핑을 자세하게 들으며 그들이 손님을 대하는 태도를 탐색한다. 수수료에만 관심을 갖고 대충 설명하는 것은 아닌지, 자기 물건을 제대로 파악하고 장단점과 특징을 확실히 브리핑하는지, 향후 발전 가능성을 알고 있는지 관찰한다. 하지만 많은 부동산 중개인들이 나를 실망시킨다. 다른 것은 고사하고 자기 물건조차 제대로 파악하지 못한 부동산 중개인들이 많다. 그런 생각이 들면 더 앉아 있기가 싫다. 더 들어 봤자 서로 시간 낭비이기 때문이다. 나오면서 나는 생각한다.

　'나는 절대 저런 부동산 중개인은 되지 말아야지. 하나를 하더

라도 확실하게 하자.'

내 사무실이 신도시에 있다 보니 이주자택지를 알고 오는 사람이 많다. 그 사람들은 가깝게는 판교, 광교, 동탄에서 멀리는 전주, 나주, 익산 등 택지지구나 혁신도시에서 이주자택지에 상가주택을 지어 본 경험자들이다. 한번 땅을 사서 지어 보니 '아, 이거구나!' 깨닫게 되면서 다시 건축을 하고 싶어 땅과 이주자택지 전문인 나를 찾아온 것이다. 이렇듯 잘 알고 오는 사람은 나도 편하고 좋다. 가지고 있는 자금에 맞는 좋은 위치를 골라 주면 본인들이 빠른 결정을 하기 때문이다. 그런데 아무것도 모르고 오는 손님들은 하나하나 설명해 주고 투자 시 주의할 점을 상세하게 말해 줘야 하기 때문에 좀 더 신중해진다.

내 오랜 후배의 소개로 나를 찾아 온 조경미 씨는 부동산에 대한 것은 아무것도 모르고 소개만 믿고 나를 찾아 왔다.

"어떤 걸 투자하고 싶으세요?"

"전 아무것도 몰라요. 영숙이가 믿을 만한 분이라고 해서 왔어요. 뭘 사야 돈을 벌 수 있어요? 저 돈 좀 벌게 해 주세요."

경미 씨는 숨도 안 쉬고 속사포처럼 말했다.

"자금은 얼마나 되시는데요?"

"3억 원이 조금 안 되지만 3억 원까지 융통할 수 있어요. 그런데 가능하면 융통 안 하고 싶어요."

나는 어떤 것이 가장 고객에게 맞는 투자인지 알아내려 질문을 많이 했다.

"월세 받는 것에 투자하고 싶으신가요. 아니면 시세차익을 볼 수 있는 것에 투자하고 싶으신가요?"

"아직은 남편 월급으로 살 만합니다. 시세차익을 볼 수 있거나 장기적으로 돈이 될 만한 것이면 좋겠어요."

나는 3억 원으로 투자할 만한 것 중 시세차익도 볼 수 있고 또 남편 퇴직 후 노후 보장도 될 수 있는 이주자택지를 권했다. 권리금이 1억 8,000만 원으로, A급 지는 아니어도 큰 길이 있기 때문에 다른 필지보다 가능성이 높아 그 필지를 권했다. 땅값은 3억 원 정도여서 20%인 6,000만 원만 내면 나머지는 대출로 가능하고 권리금 1억 8,000만 원과 땅값 6,000만 원을 합한 2억 4,000만 원이면 땅을 살 수 있었다.

내가 이주자택지를 권하는 데는 여러 가지 이유가 있다. 일단 땅을 사서 건축을 하면 상가주택이 된다. 상가주택의 장점은 내가 살면서 안정적인 임대수익을 얻을 수 있다는 것이다. 또한 임대수익 외에 땅값이 오른다는 장점이 크다. 오피스텔이나 소형 아파트 등 월세를 받을 수 있는 것에 비해 상가주택 땅은 엄청 크다. 평균적으로 70~90평까지 내 땅이 생기는 것이다. 특히 택지지구 안의 상가주택은 주변에 더 이상 새로 생기지 않아 희소성도 있다. 이러한 장점으로 불황이 와도 상가주택의 인기는 좀처럼 시들지 않는다.

나는 경미 씨에게 상가주택의 단점도 이야기해 주었다. 위치에 따라서 상가주택 1층이 공실이 날 수도 있다는 것이다. 실제로 판교나 광교의 상가주택 중에는 오랜 시간 1층 공실로 마음이 상한 건축주들도 있다. 하지만 시간이 지나면 대부분 조금씩 활성화된다. 또 살다 보면 주차 때문에 신경이 쓰이기도 한다. 그러나 이런 작은 문제로 상가주택을 포기하기에는 아깝다.

경미 씨는 충분한 설명을 듣고 이주자택지를 사기로 하고 몇 차례 더 방문 후 계약을 했다. 이주자택지는 2~3년 동안 가격이 많이 올랐다. 이 필지도 가격이 두 배 이상 올랐다. 그리고 사용시기가 되자 그녀는 다시 한 번 나를 찾아 왔다.

"여기에 건축을 하고 싶은데 돈이 모자라요. 방법이 없을까요? 건축을 해서 월세를 받고 싶어요."

"일단 은행에 건축자금을 알아보시고 가능하면 건축자금 대출을 받으세요. 만약 대출이 되지 않으면 계약금만 받고 건축해 주는 건축 사장님을 소개해 드릴게요."

예전에는 건축자금이 쉽게 나왔다. 전세난 때문에 건축을 쉽게 할 수 있도록 대출이 많이 나왔는데 요즘은 몇 군데 은행과 신용협동조합에서만 한다. 경미 씨는 은행에서 건축자금 대출을 받고 건축을 했다. 동탄은 상가주택을 3층까지 지을 수 있다. 건축을 하고 세를 주었는데 1층에는 3개의 부동산 중개사무소가 보증금 3,000만 원에 월세 140만 원으로 들어 왔고, 2층에는 1억 4,000만 원짜리 투룸 전세 두 세대가 들어 왔다. 3층의 주인세대는 복층으로, 2억 2,000만 원에 전세를 주었다. 이렇게 총 보증금은 5억 9,000만 원을 받았고, 그중 5억 2,000만 원으로 건축자금 대출을 갚고 원금 회수금으로 7,000만 원과 월세 420만 원씩 받게 되었다.

정말 탁월한 선택이었다. 이주자택지 값이 많이 오르기도 했지만 월세 수익이 나오는 것으로 한결 편안한 생활을 할 수 있게 되었다. 그 후 나와 경미 씨는 소개해 준 후배보다 더 가까운 사이가 되었다. 자주 만나고 수시로 통화하면서 허물없는 친구 사이가 되었다. 그녀는 내가 인생의 은인이라며 고마워했다. 나도 흐뭇했다.

경미 씨뿐만 아니라 이주자택지를 구입해서 건축한 사람들은 건축하기 전보다 건축한 후의 만족도가 더 높다. 예전처럼 집 짓는 데 오랜 시간이 걸리는 것도 아니니 속 썩을 일도 별로 없고, 직접 살면서 단독주택처럼 옥상에 텃밭을 가꾸기도 하고, 아니면 월세로 내놓을 수도 있으니 말이다.

나도 이주자택지를 사서 건축을 하고 지금은 상가주택에서 살고 있다. 1층의 상가와 2층의 쓰리룸 2세대는 임대를 주고 3층에서 멋진 경치를 보면서 살고 있다.

월세를 받는 수익형과 땅과 분양권으로만 있는 차익형은 분명 삶의 만족도가 다르다. 하지만 상가주택은 땅값이 오르는 차익형과 월세를 받는 수익형이 동시에 이루어진다. 월세를 받으면 삶이 훨씬 안정적이고 만족도가 높다.

GTX, SRT를 연구하면 답이 나온다

도로가 생기거나 지하철이 생기는 것은 부동산 투자로 볼 때 엄청난 호재다. 도로가 생기면 개발이 되고 사람들이 몰려오기 때문이다. 지하철이 생기는 것도 마찬가지다. 교통이 좋아진다는 것은 시간이 단축된다는 것이기도 하다. 직주근접 아파트 가격이 점점 오르는 것도 이 때문이다. 하지만 투자시기에 따라 성공과 실패가 나뉜다.

우리 가족은 분당에서 3년을 살다 수지 성복동 전원주택으로 이사를 왔다. 당시 서울에서 성복동을 가려면 수지에서 수원으로 가는 1번 국도를 이용해야 했다. '망가리'라는 이름의 정류소에서 하차해서 꼬불꼬불한 길을 지나야 했다. 차를 타고 가다가 걸어가는 동네 주민을 만나면 집에 데려다 주기도 했다. 우리가 이사 갈 때만 해도 수지 성복동은 소달구지가 다닐 정도로 시골이었고 장을 볼 때도 수원까지 가야 했다.

그때만 해도 성복동이 이렇게 커질 줄은 몰랐다. 1차 아파트를 짓더니 계속해서 2차, 3차, 6차 그리고 다른 아파트까지⋯ 12,000세대로 커졌다. 4인 가족을 기준으로 한다면 48,000명이 사는 곳이 되었다. 그리고 드디어 용인-서울 고속도로인 '용서 고속도로'가 뚫렸다.

여러 해 동안 현장에서 도로가 땅값에 미치는 영향을 단계적으로 알게 된 나는 땅을 매매할 때는 항상 도로를 먼저 확인한다. 땅뿐만 아니라 아파트나 이주자택지, 상가 역시 마찬가지다. 그동안 수지는 교통지옥이라고 할 만큼 교통체증이 심했다.

길이 뚫리면 동네가 좋아진다. 하지만 내 땅도 무조건 좋아지는 것은 아니다. 예를 들어 고속도로 옆 땅은 쓸모가 없다. 반면 도로로 나가는 방향의 땅은 지금 당장은 쓸모가 없는 땅일지라도 언젠가는 제 모습을 뽐낼 때가 온다. 또한 길이 없는 맹지이거나 계획도로가 없다면 그 땅은 사지 않는 것이 바람직하다. 때때로 맹지를 사서 차익을 남겼다는 소리도 듣지만 그것은 어쩌다 있는 일이다.

그 후 성복동은 또 한 번 교통의 호재를 만났다. 바로 신분당선 전철이 생기는 것이었다. 성복역에서 강남역까지 18분을 목표로 전철이 생긴다는 말에 다시 집값이 들썩였다. 역세권 아파트로 부각

된 LG 2차 아파트 값은 계속해서 올랐다. 사실 그동안 LG 2차 아파트는 성복동 LG아파트 중에서 제일 저렴하다는 불명예를 안고 있었지만 신분당선이 개통한다는 기대감으로 지금은 평당 가격이 제일 높아졌다.

국토해양부에서는 2009년 6월 수도권의 심각한 교통난을 개선하려는 목적으로 수도권 전역을 1시간 내에 연결할 수 있는 수도권광역 급행철도, 즉 GTX(Great Train Express)를 건설하기로 했다. 2021년 개통을 목표로 하고 있으며 노선 A(킨텍스-동탄), 노선 B(청량리-송도), 노선 C(의정부-금정) 등으로 서울과 경기도를 동서남북으로 연결하는 급행철도다. 기존 철도보다 3배 빠르며 이 급행철도가 건설되면 동탄에서 삼성까지 걸리는 시간은 지금의 66분에서 18분으로 단축된다.

이렇게 급행철도가 생기면 부동산에는 어떤 변화가 올까? 현재 동탄에서 서울까지 출퇴근하기란 여간 고생이 아니다. 얼마 전에 SRT가 생겨서 훨씬 빨라졌지만 그전까지만 해도 긴 시간을 출퇴근에 허비해야 했다. 하지만 2021년 GTX가 개통되면 동탄역에서 삼성역까지 18분만에 갈 수 있다. 취직하면 독립한다던 아들도 집에서 다닐 수 있게 된다. 동탄 인구가 줄지 않고 오히려 늘어날 것이다. 교통이 편해지면 인구가 늘어 아파트와 상가, 병원 등 지역에 많은 것들이 생기니 자연적으로 땅값과 아파트 값이 오르게 되어 있다.

SRT(Super Rapid Train)는 시속 300km로, 수서에서 부산까지 약 2시간이면 도착하는 초고속 열차다. 정차역인 서울의 수서역과 화성의 동탄역, 평택의 지제역은 이 고속열차로 인해 더 많은 사람들이 찾게 될 것이다. 예를 들어 부산에 갈 일이 있다면 서울 사람은 수서역으로, 평택과 안성, 오산 사람들은 지제역으로 갈 것이다. 역에서 기차를 기다리며 식사를 하거나 커피도 마실 것이다. 유동인구가 유입되는 것이다. 특히 지제역의 경우 인근에 120만 평 규모의 삼성 반도체공장이 들어설 예정이라 더욱 주목된다.

국가나 도시나 택지지구나 제일 중요한 것이 인구다. 인구가 많은 택지지구는 점포주택지 값과 아파트 값이 오르고 생동감 넘치게 발전하는데 인구가 적은 택지지구는 아파트 값도 잘 오르지 않을 뿐 아니라 왠지 적막감이 흐른다. 사람의 심리는 비슷해서 불편하고 기다려도 손님이 많은 음식점에 가고 싶다.

나는 예전에 소액으로 경매를 해 본 경험이 있다. 그때 아파트를 고르는 기준은 '근처에 전철역이 있는지'였다. 부동산을 살 때는 파는 것까지 염두에 두어야 한다. 내가 좋은 집을 사는 것보다 남들이 좋아할 집을 사야 한다. 언젠가 경매를 전문으로 중개하는 법인에서 멀리 강원도에 있는 땅을 소개해 주었다. 사람이 다니는 길은 있지만 지적도상 길이 없는 맹지였다. 법인에서는 그 옆의 땅을 팔려고 내놓았으니 그 땅을 먼저 사라고 했다. 그리고 경매로 나온 맹지를 낙찰받으면 시세의 두 배는 받을 수 있다고 흥분하면서 설명했다. 듣고 보니 괜찮은 땅이어서 일단 현장에 가 보았다. 그런데 그 땅은 옆의 땅을 사더라도 큰 길과 연결되는 길에 문제가 있었다. 설명대로 사고 낙찰을 받으면 풍광 좋은 전원주택을 지을 수는 있었다. 하지만 첩첩산중에 전원주택 하나 달랑 있다면 당연히 가격이 오르지 않는다.

땅 투자할 때 가장 중요한 것이 길이다. 새로 짓는 아파트나 택지지구 내의 이주자택지도 마찬가지다. 이주자택지를 살 때는 현장에 가 볼 수는 있지만 공사 중이라 허허벌판인 경우가 많다. 그냥 봐서는 쉽게 알 수 없다. 각 부동산에서는 LH에서 나온 계획도를 전단지로 만들어 놓는다. 그 계획도를 보고 고를 때도 어떤 필지가 제일 많이 오를 것인지 보는 안목이 있어야 한다. 부동산 투자에서 제일 중요한 것이 위치다. 도로를 중심으로 사람들이 많이 모일 장소를 살펴야 한다. GTX와 SRT를 연구하면 부동산 투자의 답이 나온다.

부동산 투자의 핵심은
타이밍이다

　바닥에 사서 상투에 팔고 싶은 것은 누구나 마찬가지다. 그 타이밍만 안다면 투자의 귀재 워런 버핏도 부럽지 않다. 버핏은 트럼프가 미국 대통령에 당선된 후 주식을 쓸어 담았다고 한다. 트럼프의 재정부양책이 미국의 성장세를 부채질할 것이라는 기대감 때문이다.

　부동산과 주식은 재테크의 쌍두마차다. 주식도 마찬가지지만 부동산은 대세를 알아야 바닥과 상투가 보인다. 발바닥은 신의 경지라 제쳐 두고라도 발목, 무릎에서만 사도 성공이다. 발목에서 샀다면 기가 막힌 성공이고 매도할 때는 가슴이나 목에서 팔아야 한다. 상투까지 가는 것 역시 화를 불러일으킬 수 있다.

　분양권을 투자한다고 하면 언제가 바닥일까? 조정기를 거치고 로얄동, 로얄층을 찾기 시작할 때다. A급 매물이 사라지면서 점점

B, C급까지 사라지고 저층 중에서도 1층까지 찾으면 매물은 거의 실종된다. 다시 조정기를 거쳐야 하는 시간이 오는 것이다.

분당에 살던 시절, 남편은 전원주택에 살고 싶다고 자주 이야기했다. 아이들이 어리니 맘껏 뛰어놀 수 있는 곳에서 마당에 텃밭도 일구며 한적하게 살자고 했다. 나는 아파트가 편하고 좋다고 반대했다. 어느 날 아이들은 학교에 가고 남편은 출근한, 평화로운 시간에 남편이 사 온 여러 권의 전원주택 책을 보게 되었다. 읽다 보니 나도 그곳에 살고 싶어졌다. 여름 태양을 흠뻑 들이마신 초록의 나무들과 보기만 해도 힐링이 되는 경치, 또 밝은 얼굴의 아이들이 내 마음을 흔들었다.

'그래. 아이들에게 추억을 만들어 줄 수 있고 자유롭게 상상력을 키울 수 있는 곳으로 가자.'

그렇게 우리 가족은 수지의 전원주택으로 이사했다. 아이들은 강아지를 키우고 넓은 잔디에서 마구마구 뒹굴며 하루 종일 즐거워했다. 그런 아이들을 보며 나는 이사를 잘 왔다고 생각했다.

나는 텃밭에 직접 배추를 심어 김장을 하겠다고 결심했다. 단단히 벼르다가 가을이 되어 김장 배추 모종을 사러 갔다. 그런데 가게 주인에게 생각지도 못한 말을 들었다.

"배추 처음 심으시죠? 김장 배추는 8월 15일 전에 심어야 해요. 농사일은 때가 가장 중요합니다."

겨울배추이니 가을에 심으면 된다고 막연히 생각만 하고 있다가 때를 놓친 것이다.

나는 2008년 수지 상현동에 있는 아파트를 청약했다. 아파트 단지 내에서 가장 작은 38평에 당첨되었다. 당시 가격은 2006~2007년에 고지를 찍고 살그머니 내려오던 때였다. 당첨되면 초기 권리금이 5,000만 원 붙어 있을 때였다. 여러 군데 부동산 중개사무소에서 팔라고 전화가 왔지만 나는 팔지 않았다.

몇 개월 뒤, 잘 알고 지내는 선배와 저녁을 먹게 되었다. 그 선배는 미국 주식에도 투자를 하는 경제 전문가로, 전에도 틈틈이 세계 경제 뉴스를 알려 주곤 했었다. 선배는 미국 은행이 너무 돈 버는 데 욕심을 내서 파산할지도 모르는 등 사태가 심각하다고 했다. 나는 잘 모르는 분야라 심각하게 받아들이지 않고 건성으로 듣고 있었다. 헤어질 무렵 선배가 말했다.

"한국에 집이 있거나 부동산이 있으면 팔아서 현금을 캐나다에 옮겨 놓는 것을 생각해 봐."

"아니, 집까지 팔라니. 무슨 난리라도 났어?"

"그렇지. 지금 미국에서 돌아가는 모양새는 난리가 나기 직전이야. 안일하게 생각하지 말고 신중하게 생각해. 다른 사람은 외국 계좌도 없고 돈이 해외로 나갈 수 없지만 너는 캐나다에 계좌도 있고 하니 그렇게 해. 다시 안정되면 그때 돈을 들여오면 되지.

내 말 명심해."

아닌 밤중에 홍두깨였다. 나는 머리가 복잡해졌다. 선배는 미국과 캐나다, 한국에서 주식 투자를 하면서 실력을 인정받는 전문가여서 나는 항상 선배의 말을 놓치지 않고 잘 듣는 편이었다. 하지만 집까지 팔아서 돈을 움직이는 것은 쉽게 할 수 없는 일이었다. '미국이 은행 때문에 경기가 안 좋아졌다지만 한국의 부동산까지 그렇게 큰 영향이 있을까?'라는 생각에 선배의 조언은 금세 잊어버렸다.

그 후 3~4개월이 지나 미국발 금융위기인 리먼 사태가 터지고 말았다. 미국의 거대 은행 리먼 브라더스가 서브프라임 모기지(비우량 주택담보대출)로 2008년 9월 15일 파산한 것이다.

서브프라임 모기지는 신용도도 낮고 대출을 갚을 능력이 없는 사람들에게 이자를 높게 받으면서 집 가격의 100%까지 대출해 주는 상품이다. 그러나 대출을 받은 저소득층이 이자를 갚을 능력이 없어 집을 팔려고 내 놓으니 부동산 가격이 급락하고 은행이 파산하게 된 것이다. 그 일로 은행은 물론, 미국 전체와 세계 경제가 흔들리면서 우리나라까지 큰 타격을 입게 되었다. 대형 아파트의 몰락을 기점으로 소형 아파트까지 가격이 떨어지면서 거래가 이루어지지 않았다. 내가 산 수지의 분양권도 초기 권리금 5,000만 원에서 점점 내려가더니 분양가 이하로 내렸다.

다급한 마음에 여러 부동산 중개사무소에 내놓았지만 마이너스로 팔려고 해도 거래 자체가 되지 않았다. 점점 초조해졌다. 우리 집은 수지의 대형 아파트여서 내려가는 속도가 무섭게 빨랐다. 하루아침에 세상이 변했다.

나는 아파트와 분양권이 여러 개 있다 보니 이자를 감당할 수 없었다. 올랐던 분양권도 마이너스에서 손절매를 해야 하는데 그것도 생각처럼 쉽지 않았다. 그때까지 손해 보고 판 일이 없었기 때문에 곧 나아지겠지, 하며 안일하게 생각하다가 가장 중요한 때를 놓치고 말았다.

결국 수지 분양권은 4,000만 원이나 손해를 보고 매매했다. 팔고 나도 손에 쥐어지는 것은 없었다. 다른 분양권도 마이너스로 팔았다. 마이너스 7,000만 원에도 안 팔리는 아파트는 결국 저렴하게 전세를 주었다. 정신을 차릴 수가 없었다.

계속되는 은행에서의 독촉에 피가 말랐다. 왜 사람들이 사업 실패로 자살을 생각하는지 알게 되었다.

'내가 죽으면 어떻게 될까?'

'아이들은 어떻게 될까?'

우울한 생각만 계속 들었다. 더욱 견딜 수 없는 것은 남편의 눈빛이었다.

'이 지경까지 만든 것은 당신이니 당신이 책임져. 벌어다 주는

것 가지고 아이들이나 잘 키우지, 왜 부동산 투자를 해 가지고 이렇게 힘들게 해?'

말은 안 했지만 표정으로 알 수 있었다. 냉정하고 야멸찬 모습에 같이 살고 싶은 생각이 없어졌다. 이래저래 깊고 깊은 수렁에서 헤어 나올 길이 없었다.

돈이 없다는 것, 매일매일 이자 독촉을 받는다는 것, 생활비가 없다는 것… 당해 보지 않은 사람은 이해할 수 없을 것이다. 나는 어렸을 때도 부지런한 부모 덕분에 부족하지 않게 성장했고 결혼해서도 남편 덕분에 모자람 없이 생활했다. 모자라기는커녕 일 년에 한 번씩 세계 곳곳을 여행할 정도로 여유롭게 지냈다. 돈을 빌려 주면 빌려 줬지, 빌린 적은 없었다.

그런 내 세상이 변했다. 아침마다 눈을 뜨고 싶지 않았다. 상황이 상황이다 보니 친구는 물론이고 누구도 만나기 싫어지면서 점점 골이 깊어졌다. 사람들을 좋아해서 늘 사람들 사이에 있던 내가 한 번도 느껴보지 못했던 외로움에 휩싸여 있었다. 그리고 앞날에 대한 걱정으로 절벽 위에 한 발로 위태롭게 서 있는 느낌이었다.

나 혼자서 이 고비를 넘겨야만 했다. 내가 쓰러진다면 가족 또한 붕괴되기 때문이었다. 나는 그때 눈에 보이는 것이 없었다. 죽을힘을 다해 열심히 부동산 중개 일을 했다. 그렇게 캄캄한 시간에서 한 발짝 한 발짝 걸어 나오게 되었다.

지나고 보니 그 시절이 나에게 많은 것을 배우게 했고 성숙하게 했다. 돈이 없어 어려운 사람들의 심정을 알게 했고, 그들에게 실수로라도 상처를 주면 안 된다는 것, 자만에 빠져 있던 나에게 겸손을 알게 해 주었던 것, 누구나 한순간에 밑바닥까지 갈 수 있다는 것 등 시련이 오니 배우는 것도 많아졌다.

위기를 겪고 나면 세상을 다르게 보는 눈이 생긴다. 예전의 나는 경비원은 처음부터 그 일을 한 줄로만 알았다. 지금은 누구라도 경비원이 될 수 있다는 것을 알고 있다. 더군다나 나이가 많아도 열심히 일하려는 모습이 더 멋져 보이기 시작했다.

신은 위기라는 보자기 속에 축복을 넣어 둔다고 했다. 나는 예전에도 신뢰를 가장 중요시했지만 위기를 겪으면서 더욱 절실해졌다. 만약 신뢰를 잃었다면 나는 다시 성공하지 못했을 것이다. 어려움 속에서도 다시 나를 찾아준 고객들이 있었고, 그들과 함께 투자할 수 있어서 가능했다. 부동산은 돈에 밀접해 자칫 인간관계가 깨지기 쉽다. 나는 내가 말한 것은 무조건 지키려고 한다. '말이 곧 법이다'라고 나 스스로를 엄격함에 묶어두려 한다.

나는 다시는 위기에 빠지지 않기 위해 끊임없이 자기계발을 하며 노력하고 있다. 책을 쓰는 것도 그중 하나다. 그런데 원고를 쓰는 법을 배우기 위해 찾았던 〈한책협〉에서 더 큰 가르침을 얻었다. 김태광 대표 코치는 누구나 자신의 스토리가 담긴 책을 펴냄으로 써 세상에 선한 영향력을 끼칠 수 있다며 용기를 주었으며, 명확한 목표와 열정만 있다면 반드시 성공할 수 있다며 자신감을 심어 주었다. 나는 〈한책협〉에서 책 쓰기에 대한 모든 것뿐만 아니라 꿈과 미래를 그리는 법까지 배우게 되면서 꿈의 크기를 더욱 키워 나가고 있다.

부동산 투자는 오르고 내리는 파도를 잘 타야 한다. 타이밍을 잘못 맞추면 오랫동안 땅값이 오르지 않고 매매되지 않아 자금이 묶이게 된다. 자금이 묶이면 투자는 실패한다. 부동산 타이밍은 귀신도 모른다. 바닥에 사서 상투에 팔고 싶지만 언제가 바닥이고 언제가 상투인지 모른다. 그래서 항상 부동산 공부를 해야 한다. 또 자금이 넉넉해 장기로 투자할지 단기로 투자할지에 따라서도 타이밍은 바뀐다. 누가 뭐래도 부동산 투자는 타이밍이 가장 중요하기 때문에 항상 관심을 가지고 연구하고 언제 매매를 할지 정해 놓아야 한다.

직장인의 터닝 포인트,
부동산 소액 투자가 답이다

나는 결혼 전에 직장생활을 했다. 당시 여성들은 결혼과 동시에 회사를 그만두었다. 사회적인 분위기가 그랬다. 그런데 나는 결혼하는 것도 아니면서 29세에 사표를 던지고 회사를 나왔다. 매일 같은 일만 하다 보니 뭔가 새롭고 가슴이 뛰는 일이 하고 싶어졌기 때문이었다. 또 사업을 하면 잘할 것 같다는 생각도 들었다.

그러나 무엇을 하려고 해도 돈이 없었다. 회사를 다니는 동안 목돈을 모아 놓으면 언제나 집에서 필요하다고 가져갔기에 내 수중에는 돈이 한 푼도 없었다. 그래도 회사를 그만두었다. 터닝 포인트가 필요했기 때문이다.

얼마 전, 직장생활을 하고 있는 조카를 만났다. 조카가 늘 입버릇처럼 이야기하는 것이 있다.

"사업을 해야 해, 사업을. 직장생활해서 언제 돈 벌고 언제 부자 되냐고. 난 사업을 할 거야."

"사업 자금은 있어?"

"아니, 벌어야지. 아, 그런데 언제 벌어서 언제 사업을 하지?"

조카는 그러면서 제 엄마를 슬쩍 쳐다본다. 엄마는 아들의 눈길을 피해 다른 곳을 보고 있다. 돈도 없지만 있어도 사업 자금을 대 줄 생각은 없다. 많은 부모들이 자식들을 공부시키느라 자신들의 노후 준비는 하지 못한다. 그런 와중에 사업 자금까지 대 줄 여력이 있는 부모가 몇이나 될까? 부모가 돈이 많다고 해도 그 돈으로 사업을 하겠다고 생각하는 것 자체가 어불성설이다. 무작정 사업하겠다는 생각을 버리면 직장생활을 하면서도 얼마든지 부자가 될 수 있다. 내가 직접 일하는 것이 아니라 돈이 열리는 나무를 심는 것이다.

직장인들은 매달 고정적으로 월급이 나오기 때문에 재테크에 대한 절박함이 없을 수도 있다. 우스갯소리겠지만 '월급이 마약'이라는 소리도 있다. 빠듯하기는 하겠지만 매달 고정적인 금액으로 안정적인 생활을 할 수 있기 때문이다. 하지만 미래를 준비하기에는 턱없이 부족하다.

100세 시대. 30년 동안의 직장생활로 퇴직 이후 40년을 준비해야 한다. 만반의 준비를 하지 않으면 인생이 실패로 끝날 수도 있다. 직장인의 재테크는 이제 선택이 아닌 필수다. 평생 돈 버는 기계로 살지, 돈 버는 기계를 소유할지는 당신의 선택에 달렸다.

나는 동탄에서 부동산 중개사무소를 운영했었다. 대기업이 있던 동네라 퇴근 후 우리 사무실을 찾는 젊은 직장인들을 많이 만날 수 있었다. 그들은 높은 연봉과 성과급으로 넉넉한 형편임에도 늘 재테크에 관심을 가지고 있었다. 종잣돈을 만들어 주식과 분양권 투자로 수익을 냈다. 대기업 직원이다 보니 여유 자금이 있어서 그렇게 했을 것이라고 흔히들 생각할 것이다. 하지만 월급이 적고 미래가 불안한 사람들이야말로 재테크에 관심을 가지고 적극적으로 투자해야 한다.

아무리 좋은 투자처가 있고 돈을 벌 수 있는 기회가 왔다고 해도 종잣돈이 없으면 기회를 잡을 수 없다. 기회는 항상 준비된 사람이 낚아챈다. 기회는 당신을 기다려 주지 않는다. 언제 돈을 모아 기회를 잡느냐고 생각하지 말고 지금 당장 종잣돈을 만들어라.

기회를 잡고 운이 따라 주어도 부자는 하루아침에 되지 않는다. 부자가 되려면 꼭 필요한 것이 있다. 3,000만 원의 종잣돈과 부자가 되고 싶다는 절실함이다. 누구나 부자로 살고 싶지만 생각만 가지고 있다고 부자가 되는 것은 아니다. 누가 나를 부자로 만들어 주지도 않는다. 부자로 살고 싶다는 절박한 마음으로 각오를 다져야 한다. 강력한 의지는 강력한 행동으로 나타난다.

종잣돈이 모일 때까지가 가장 힘들다. 그동안의 생활은 잠시 접고 허리띠를 졸라매야 한다. 1년만이라도 아낄 수 있는 것은 아껴야 한다. 부부가 같이 머리를 맞대고 기간을 정해 놓고 돈을 모아라. 3,000만 원이 모일 때까지 그 돈은 절대 다른 곳에 쓰지 않도록 한다. 물론 더 적은 돈으로도 투자는 할 수 있지만 처음 투자하는 사람들은 최소 3,000만 원을 모으는 것이 좋다. 많다면 많고 적다면 적은 3,000만 원이 모이면 그때는 여러 가지 방법으로 투자할 수 있다.

첫째, 집이 없는 직장인들은 투자와 내 집 마련이라는 두 마리 토끼를 잡을 수 있게 아파트 청약을 할 수 있다. 청약이 안 되면, 청약받은 사람에게 분양권을 매입할 수도 있다. 물론 권리금을 줘야 하지만 찾아보면 적은 권리금으로도 향후 투자 수익이 많이 날 만한 곳을 찾을 수 있다.

주택종합통장으로 청약할 때도 가이드가 필요하다. 무조건 제일 좋은 아파트에 청약률이 제일 높은 곳으로 청약하면서 '되면 좋고 안 되면 말고' 하는 식으로는 당첨되기 쉽지 않다. 떨어지는 동안 부동산 가격은 오르고 아파트 분양가도 오른다. 그렇게 집도 안 사고 10년 동안 청약만 해서 떨어진 사람도 보았다.

아파트가 꼭 필요하다면 적극적으로 청약 공부를 하고, 오를 지역이라면 꼭 당첨이 될 만한 곳으로 청약해야 한다. 신혼부부나

다자녀를 둔 직장인이라면 특별 공급을 통해서 당첨될 확률이 아주 높다. 기본적인 혜택을 모르는 젊은 사람들이 많아 안타깝다.

둘째, 오피스텔 투자를 할 수 있다. 하지만 오피스텔은 시세차익을 보고 하는 것보다는 월세를 받을 생각으로 하는 것이 맞다. 소형 오피스텔이 크게 오르기는 쉽지 않기 때문이다. 오피스텔로 투자를 하고 싶다면 좋은 위치에 경매를 받는 것도 좋다. 경매로 받는다면 시세보다 싸게 사고 월세도 받을 수 있다. 경매로 받을 때는 경매 물건을 감정평가한 시기를 유심히 보기 바란다. 가격이 높을 때 감정평가를 했다면 경매를 시작하는 시기에는 가격이 떨어질 수 있으므로 그때는 급매를 사는 것이 더 쌀 수도 있다.

셋째, 갭 투자를 할 수 있다. 전세가가 매매가 근처까지 육박하는 아파트나 빌라를 전세나 월세를 안고 사는 방법이다. 2년 후가 되면 매매가나 전세가가 오르기 때문에 원금을 회수할 수 있고, 월세로 주었다면 매달 나오는 월세도 받을 수 있다. 또 2년 동안 다른 투자금을 모을 수 있으니 소액 투자로 많이 하는 방법이다.

내가 잘 알고 지내는 부동산 중개인이 있다. 이 중개인은 갭 투자 전문가다. 작은 소형 아파트 단지 내에서 부동산 중개사무소를 하고 있다. 그는 시세보다 저렴하게 나오는 것이 있으면 바로 매입한다. 자금이 있으니 일단 매입하고 깨끗하게 수리해서 높은 가격에 전세를 준다. 시세보다 싸게 사고 시세보다 높게 전세를 주기 때문에 다른 사람보다도 투자액이 적게 들어 3,000만~4,000만 원 정도다.

나에게도 급매가 나왔다고 하면서 여러 번 권했지만 당시 나는 땅 투자의 매력에 푹 빠져 있었다. 지금 그 아파트는 수지에서 신분당선이 개통됨에 따라 전세가는 물론이고 매매가도 무척 많이 올랐다. 그는 여러 채의 아파트와 다른 수익형 부동산도 보유하고 있지만 부동산만큼 매력 있는 투자는 없다면서 아직도 부동산 중개 일을 하고 있다. 지금은 그의 아들도 부동산 중개 일을 배우고 있다.

예전의 내가 그랬듯이 많은 사람들이 직장을 그만두고 사업을 하고 싶어 하는 마음은 충분히 이해할 수 있다. 하지만 현실은 그렇게 녹록지 않다. 사업은 아무나 하는 것이 아니다. 자칫 잘못해서 많은 투자금을 잃어버리면 다시는 일어서지 못할 수도 있다. 사업으로 성공하는 사람들은 따로 있다. 당신이 그런 사람이라면 재테크는 더욱 잘할 수 있다. 그만큼 재테크보다 사업이 더 힘들고 성공하기 어렵다.

직장생활을 하면서 투잡으로 어떤 일을 할 수 있을까? 대리운전, 배달업, 학원 강사 등…. 어떤 일을 해도 직장생활에 영향을 끼친다. 부업 때문에 원래 직장까지 잃을 수도 있다. 직장에서는 열심히 일해서 인정받아라. 그리고 나와 나의 가족의 미래를 위해 부동산 투자를 하라. 안정적인 직장에 다니면서 또 다른 수입과 자산이 생긴다면 그것보다 바람직한 것이 없다. 부동산 소액 투자로 장밋빛 미래를 만들기 바란다.

5

공동투자로
빠르게 부자가 되라

신이 모두에게 공평하게 준 선물이 있다. 바로 시간이다. 누구에게나 똑같이 24시간이 주어졌지만 모두 다르게 쓰고 있다. 성공은 시간을 어떻게 쓰느냐에 달려 있다. 부자들과 부자가 되고 싶은 사람들은 돈을 주고 시간을 산다. 무엇이든지 전문가를 이용하는 것이다. 시간의 중요성을 알고 있는 사람들은 30분으로 쪼개져 있는 다이어리를 쓴다. 가장 중요한 시간은 잠자기 전 10분과 잠에서 깨고 난 후 10분이다. 하루 20분을 어떤 생각으로 보내느냐에 따라 의식이 달라지기 때문이다. 빠르게 부자가 되는 성공 열쇠이기도 하다.

얼마 전, 사무실에 전화 예약도 없이 고객이 찾아왔다. 동탄에서 분양권을 사서 돈을 번 젊은 부부였다.

"사장님, 공동투자(이하 공투)에 대해서 어떻게 생각하세요?"

"공투는 소액을 가지고 있는 사람들에게는 좋은 시스템이에요. 여러 가지 변수가 많지만 제일 중요한 것은 주관하고 있는 사람이죠. 요즘은 카페나 동호회에서 많이들 하고 있는데 고수익 고위험이기도 하지만 올바른 선택이라면 분명 기회가 되죠."

그들은 재테크 동호회에 가입해서 활동 중이라고 했다. 그 동호회에서 공투로 강화도와 평택에 땅을 사기로 했다고 한다. 평택의 땅도 볼 겸, 내 의견도 물을 겸 왔다고 했다. 나는 공투로 땅을 사는 것에는 찬성이지만 자세하게 알지 못하는 상황에서 단적으로 말하기는 힘들었다. 공투 자금을 물어 보니 일단 계약금은 500만 원씩 내야 하고 나머지는 가지고 있는 돈만큼 내고 이익금도 그에 준해서 준다고 했다. 나는 그들의 상기된 목소리에서 이미 하기로 결정한 것을 느낄 수 있었다.

공투 자체만으로는 부의 추월차선을 탈 수 있다. 거액이 필요한 물건이라도 공투이기 때문에 소액을 가진 사람에게도 기회가 있다. 공투는 이론적으로 직장인들에게 아주 좋은 시스템이다. 적은 돈을 합해 큰돈을 만들어 부동산을 사기 때문이다. 덩치 큰 부동산은 단가가 저렴하기 때문에 뜻과 취지는 아주 좋다. 공투는 시간을 벌어 주고 힘을 모아 준다. 이익도 크다. 매수자가 많으므로 양도소득세를 절감할 수 있다. 상식과 법 안에서 공투를 하면 좋은 점이 많다.

하지만 그만큼 변수가 있다. 어쩌면 장점보다 단점이 더 많은 것이 공투다. 여러 사람이 같이 하기 때문에 불협화음은 생기게 마련이다. 그나마 이익이 생기면 문제를 해결할 수도 있지만 이익이 나지 않는다면 없던 문제도 생긴다. 물론 공투할 때는 법적으로 아무 문제가 생기지 않도록 계약서를 쓴다.

이 부부의 경우는 좀 난감했다. 일단 내가 그 동호회와 회장을 알아야 이야기가 되기 때문이다. 나는 부부에게 일단 공투를 하기로 했다면 최대한 기간을 짧게 잡으라고 조언했다.

나는 공투로 성공한 사람과 실패한 사람들을 알고 있다.

내 친구의 딸은 직장에 다니고 있다. 회사에 재테크 동호회가 있어 공투로 소액 아파트와 소액 빌라를 경매로 받았다. 투자금은 처음에는 500만 원으로 시작해서 하나씩 낙찰받고 되팔아서 이익금도 챙겼다. 그러는 동안 부동산에 대해 알게 되었고 조금씩 투자를 늘려 나갔다고 한다. 이것이 가능하게 된 것은 경매를 입찰하는 회사와 손을 잡고 그 회사에서 법적인 문제를 해결해 주었기 때문이다. 동호회에서는 물건만 결정해 주면 되었다. 그렇게 하다 보니 시작은 500만 원이었지만 지금은 시집갈 밑천이 되었다. 회사를 그만두고 싶어도 재테크 동호회 때문에 그만두지 못한다고 말할 정도다. 이런 직장 내 성공 케이스는 극히 드물다.

나와 친한 동네 후배가 있다. 어려서부터 부지런하고 공부도 잘했다. 결혼을 하고부터는 경매에 뛰어들어 여러 번 경매를 받아서 목돈을 만들었다. 강남에 살고 있는 그녀는 집 근처 부동산 중개인 소개로 여러 번 투자를 해서 돈을 벌었다. 그렇게 돈을 벌면서 알게 된 8명의 투자자들이 모여 투자 클럽을 만들었다. 월세가 저렴한 상가 4층에 조그마한 사무실도 마련하고 아침이면 직장에 출근하듯 8명이 모였다. 커피도 마시고 밥도 같이 먹으며 투자 이야기로 하루가 바빴다.

그들은 땅을 알아보러 다니고 건축업자들도 만나던 중 강남 테헤란로에 있는, 양평을 전문으로 한다는 부동산 중개사무소를 소개받았다. 사무실에 가니 안내 데스크 직원도 있고 젊은 직원들 수십 명이 왔다 갔다 하는 모습이 마치 대기업 같았다. 그들은 럭셔리한 방에 안내되어 설명을 들었다. 최고급 자동차로 임장도 가서 주변 설명도 들었다. 양평에 IC도 생기고 길도 뚫리면 재벌이 될 수 있다는 이야기였다.

"이런 땅은 계약하고 잔금 기간을 넉넉하게 두면 잔금 전에 되팔 수 있습니다."

"정말요? 정말 잔금 치르기 전에 되팔 수 있어요?"

"그럼요. 이런 땅이 이런 가격에 나올 수가 없어요."

그들은 중개인의 호언장담에 기뻐하며 큰 임야를 계약했다. 하지만 잔금 때까지 되팔지 못했다. 시간이 지나 하는 수 없이 개발을 하려고 하니 문제가 있는 땅이었다. 팔당호 상수원 수질보호 1권역에 속하는 데다 땅이 일정부분보다 커서 허가가 나오지 않았다. 그 전에는 큰 땅도 나누어 신청하면 됐는데 법이 바뀌어 허가를 내 주지 않는다는 것이었다. 그 후 그들에게는 이 땅으로 인해 여러 가지 좋지 않은 상황이 벌어졌다.

오합지졸이 모인 공투는 백발백중 실패한다. 돈만 잃는 것이 아니다. 돈이 걸려 있으면 아무리 오랜 지인이라 할지라도 한순간에 원수가 된다. 돈이란 그런 것이다.

공투로 빠르게 부자가 될 수 있다. 공투의 선제는 훈련을 잘 받은 정예부대다. 만약 당신이 공투를 하고 싶다면 당신부터 정예부대원이 되어야 한다. 당신을 지키는 것은 당신이다. 공투의 장점은 빠르고 큰 놈이 되는 것이다. 빠르고 큰 놈이 느리고 작은 놈을 잡아먹는 것이 정글의 법칙이다. 힘을 합한다면 빠르고 큰 놈이 되기 쉽다. 힘을 합해서 부자가 되고 싶다는 명확한 목표와 법률적 하자가 없는 공동계약서 그리고 흔들리지 않는 매도 시점을 잡아야 성공할 수 있다. 부자가 되는 길에는 공짜가 없다. 희생이 따르며 대가를 치를 준비가 되어 있어야 한다. 위험을 무릅쓰고 멀리 나가고자 하는 사람만이 빠르게 목적지에 도달할 수 있다.

성공 투자를 원한다면
역발상으로 접근하라

부동산 투자, 어떻게 해야 할까? 남들이 투자해서 돈을 많이 벌었다는 소리에 나도 하고 싶지만 어떤 것을 사야 할지, 투자했다가 그나마 있는 돈도 까먹지는 않을지 처음 투자하는 사람은 불안하다. 인터넷도 찾아보고 책도 사 보지만 실행에 옮기는 사람은 많지 않다.

《나는 인생에서 알아야 할 모든 것을 영업에서 배웠다》의 안규호 작가는 동생의 말 한마디가 인생의 좌우명이 되었다고 한다. 그것은 '0%와 1%의 차이점'이다. 아무것도 하지 않으면 가능성은 0%지만 작은 것이라도 무언가를 하면 1%가 이루어진다는 것이다. 0%는 기회가 왔어도 잡지 못하지만 1%는 기회를 잡으면 곱하기가 된다. 100% 가능성의 첫발인 셈이다.

부동산 투자도 마찬가지다. 아무리 공부를 하고 인터넷 강의를 들어도 실행하지 않으면 0%다. 성공할 수 없다. 인생에서 가장 슬픈 세 가지는 '할 수도 있었는데', '했어야 했는데', '해야만 했는데'라고 한다. 당신의 이야기가 아니길 바란다.

내가 20여 년 넘게 부동산 중개 일과 투자를 해 오면서 가장 중요하게 생각하는 두 가지가 있다.

첫째, 고객의 돈이다. 고객에게 많은 이익을 내 주고 싶지만 리스크를 생각하지 않을 수 없다. 그래서 항상 '나라면 어떻게 할까?'라고 매번 자문한다. 누구에게나 돈은 소중하다. 더군다나 부동산에 투자하러 오는 고객들 중에는 돈이 많은 사람도 있지만 직장생활 하면서 허리띠를 졸라매 만든 종잣돈을 가지고 오는 사람도 많다. 나도 종잣돈을 만들기 위해 아이들 간식값까지 아낀 경험이 있는 터라 더욱 잘해 주고 싶다.

부동산 중개 일을 처음 할 때는 분양권을 사러 온 사람들에게 지금은 많이 올랐으니 사면 안 된다고 말린 적도 있다. 고객들은 이런 부동산 중개사무소는 처음 봤다고 하면서 분양권을 사지 않고 돌아갔다. 그런데 분양권 가격이 어느 정도 조정기를 거치더니 다시 거침없이 오르는 것이었다. 그때는 정말 난감하고 미안해서 밤에 잠이 안 올 지경이었다. 당신 때문에 분양권을 못 샀으니 책임지라고 하면서 우리 사무실로 쫓아올 것만 같았다. 고객에게 오르는 분양권을 못 사게 했다는 죄책감과 손해를 끼쳤다는 생각에 한동안 의기소침했다. 물론 그 고객은 쫓아오지도 않았고 그 분양권도 오르다가 내리는 것을 반복했다. 그래도 그렇게 고객들을 생각하는 내 마음이 통해서인지 투자한 고객들 대부분은 진정성 있는 상담을 해 줘서 고맙다는 말을 자주 한다.

분양권 투자를 오래 한 나지만 부동산이 뜨겁게 올라갈 때는 나도 모르게 투자하게 될 때도 있다. 그만큼 투자에는 항상 유혹이 따른다. 그럴 때면 차분히 올라간 수익률을 따져 보고 다시 팔거나 더 가지고 있기도 한다. 보통 부동산 열기가 뜨거워 뉴스에 나오거나 하면 마음이 움직여 사고 싶다는 생각을 한다.

그러나 진정한 고수들은 서서히 발을 뺄 준비를 한다. 역발상으로 생각하기 때문이다. 실제로 오르면 고객들이 더 많이 사러 온다. 그러나 고수는 내가 팔았을 때가 아니라 내 물건을 산 사람이 팔았을 때를 꼭지가 되는 시기로 생각해 그때를 매도 시점으로 본다. 즉 남도 먹을 것을 남겨 주어야 한다는 말이다. 부동산 투자는 혼자 하는 것이 아니다. 혼자 돈을 벌려고 하면 부작용이나 변수가 생긴다.

나는 고객의 재산을 가장 빠른 시간에 불려 주는 컨설팅을 해 주고 적절한 수수료를 받는 전문가다. 또 내게 온 한 사람의 고객 뒤에는 열 사람의 고객이 있다고 생각한다. 따라서 나에게 한 사람의 고객은 온전히 집중해서 이익을 실현시켜 주어야 하는 대상이다. 나의 추천으로 투자한 것이 수익이 나면 그 고객은 계속 내 고객이 되고 점점 더 큰 부동산에 투자하게 된다. 그리고 또 다른 고객을 소개해 준다.

고객 중에는 처음에는 사장님이라고 부르다가 자기 마음에 들지 않으면 아줌마라고 부르는 사람도 있고 진을 너무 빼는 사람도 있다. 나는 이럴 때 과감하게 가지치기를 한다. 그런 고객에게 정성 들일 시간에 손발 맞는 투자자와 여러 건의 계약을 더 할 수 있기 때문이다. 나는 전문가로서 쌓은 많은 정보를 바탕으로, 나와 내 고객의 이익 실현을 위해 밤낮으로 연구한다. 나와 계약을 하는 고객들은 이런 나의 노력을 알고 있다.

둘째, 타이밍이다. 분양권이든 아파트든 땅이든 단기간에 많이 올랐다면 분명히 조정기를 거치게 된다. 조정기는 짧게는 1~2개월도 될 수 있고 길게는 1~2년 이상도 될 수 있다. 따라서 나는 많이 올랐다고 판단되면 일단 그 지역은 피한다. 물론 더 오를 수도 있다. 하지만 더 오른다는 기대로 샀다가 묶여 버릴 수도 있기 때문에 차라리 아직 오르지 않았지만 분명히 오를 다른 지역을 찾는다.

나는 이슈가 있고, 도시에서 그 이슈를 현실화하려는 액션을 취할 때를 노린다. 부동산 투자는 너무 앞서가도 안 되고 너무 늦게 쫓아가도 안 된다. 그래서 타이밍 맞추기는 이론만으로는 될 수 없고 다양한 현장 경험과 부동산을 알아보는 촉이 있어야 한다. 역발상에 필요한 조건들이다.

남들이 보지 못하고 미처 깨닫지 못하는 투자처를 찾는 것이 나의 일이기도 하다. 틈새시장을 찾아 투자하면 고수익을 올릴 수 있기 때문이다. 예를 들어 분양권 투자를 한다고 하면 모두들 로얄동 로얄층을 찾는다. 그러나 분양권에 따라서는 비로얄동에 저층 위주로 투자했을 때 더 큰 수익이 나는 경우도 있다. 또한 분양권 초기에는 소형을 투자해야 하지만 입주 때가 되면 무조건 소형을 찾기보다는 실수요 위주의 평형을 투자하는 것도 역발상 투자법이다.

땅도 마찬가지다. 시가화예정지로 발표가 났을 때 비싼 일반주거지역과 상업지역보다는 절대농지를 사는 것이다. 절대농지는 집을 지을 수 없지만 공람이 끝나면 생산녹지로 변하니 20%를 지을 수 있게 되기 때문이다.

역발상으로 그때그때 상황에 맞는 투자기법이 있어야 한다. 남들이 사서 오를 때 산다면 이미 한 번의 투자시기를 놓치게 된다. 뉴스나 인터넷에 분양권이 오른다고 발표될 때는 이미 '한 바퀴 돌아갔다'라고 표현하는 시기다.

부동산 투자는 원칙을 세워 정석대로 하는 것이 기본이다. 그러나 급변하는 투자환경에 적응해서 반 발자국 앞서 나가야 한다. 항상 모든 안테나를 부동산으로 향해 놓고 더 큰 세계로 의식을 확장해야 한다. 크게 보는 눈으로 공부하고 바른 눈으로 임장해서 힘을 기르고 중심을 잡아야 한다. 부동산 패러다임이 바뀌고 있다. 때론 부동산 투자의 고정관념을 버리고 역발상으로 접근해서 틈새를 찾아라.

부동산 투자,
아는 만큼 보인다

내가 좋아하는 것 중 하나는 앤티크 물품 수집이다. 캐나다에 가기 전까지는 앤티크에 대해 알지 못했다. 수지에 살 때 집 앞에 앤티크 상점이 있었지만 한 번도 들어간 적이 없었다. 캐나다에서 내가 살던 웨스트밴쿠버에는 노인들이 많이 살고 있었다. 독일, 프랑스, 영국 등에서 살다가 캐나다로 이주해 온 노인들이 갖고 있던 앤티크 물품들을 가게에서 만나볼 수 있었다. 나는 처음 앤티크숍에 갔을 때 그 화려한 아름다움에 정신을 빼앗겼다. 그 후 앤티크를 찾아서 정처 없는 탐닉의 시간을 가졌다. 앤티크의 세계는 알면 알수록 더 오묘하고 공부할 것이 많다.

부동산 투자도 그렇다. 내가 관심이 없을 때는 집 앞에 있는 앤티크 가게에 한 번도 가 보지 않은 것처럼, 잘 모르기 때문에 부동산 투자를 한 번도 해 보지 않은 사람이 많다.

나는 아들의 친구 엄마인 혜숙 씨가 돈을 많이 벌고 싶다고 자주 이야기하기에 분양권을 소개해 주었다. 전반적인 부동산 흐름을 설명하고 지금 이 분양권을 사야 하는 이유와 오를 수밖에 없는 이유를 설명했다. 그런데 혜숙 씨는 건성으로 들었다. 돈은 벌고 싶지만 부동산에 관심이 없기 때문에 들리지 않는 것이었다. 아무리 옆에서 붙잡고 이야기해 줘도 예전의 내가 앤티크 가게에 가지 않았던 것처럼 꿈쩍도 하지 않았다. 여유 자금이 있고 돈을 벌고 싶다는 욕망도 있지만 실행하지 않는 혜숙 씨를 보며 답답하고 안타까웠다. 그녀는 아직도 예전에 살던 아파트에 계속 살면서 남편이 벌어오는 월급만으로 살고 있다. 그때 투자에 눈을 떴다면 남편의 월급통장만이 아니라 자신의 월세통장으로 지금보다 여유 있는 생활을 했을 것이다.

빌 클린턴과 힐러리 클린턴 부부가 주유소에서 옛 동창을 만났다. 빌은 주유소 사장이 된 동창을 보며 힐러리에게 "당신이 저 친구와 결혼했다면 주유소 사장 부인이 되었겠지?"라고 말했다. 그러자 힐러리는 "아니, 저 친구가 대통령이 되어 있을 거야."라고 답했다.

어떤 배우자를 만나느냐에 따라 인생이 달라지듯이 부동산도 그렇다. 요즘은 "암탉이 울어야 집안이 흥한다."라고 할 정도로 여자들이 두각을 나타내고 있다. 부동산 투자도 여자들이 잘한다. 남자들은 먼저 매입할 자금을 계산기로 두들겨 본다. 대출은 생각도 못하고 약간의 돈만 모자라도 돈이 없어서 못한다고 지레 포기한다. 투자할 금액이 다 있어야 하는 줄 안다. 여자들은 부동산 투자의 '감'이 있다. 이자율을 따지지 않고 이 부동산이 오를 것인가, 오르지 않을 것인가에 집중한다. 촉으로 투자한다. 그래서 부동산 투자는 여자들이 훨씬 앞서며 성공으로 이끈다.

내가 단골로 가는 치과의 원장은 하루 종일 일하느라 정신이 없다. 환자가 많아서 간호사와 직원들도 많고 예약을 해도 기다려야 한다. 그런 원장을 대신해 부인 주희 씨가 우리 부동산 사무실에 자주 들른다. 함께 커피도 마시고 여름이면 텃밭에서 기른 상추와 고추를 가져다주기도 하면서 이런저런 부동산 정보를 듣고 간다.

어느 날 주희 씨가 운동을 하고 지나가는 길에 우리 사무실에 들렀다. 마침 그날은 동탄 신도시 아파트에 청약을 하는 날이었다. 나는 별 생각 없이 말했다.

"혹시 아파트 청약통장 있으세요?"

"네. 2개 있어요."

"그럼 빨리 은행에 가서 동탄 신도시 아파트 청약하는 데 넣어 보세요."

"그곳에 당첨되면 괜찮을까요?"

"아휴, 그럼요. 분명히 가격이 오르니까 빨리 넣으세요."

"알았어요. 사장님이 넣어 보라고 하니 넣을게요."

당첨자 발표일이 되어 확인해 보니 4개 넣은 나는 하나도 당첨이 되지 않고 주희 씨는 로얄동 로얄층으로 당첨되었다. 그리고 그 분양권 가격은 점점 올랐다. 지금은 분양가 대비 1억 원이 오른 상태지만 앞으로 입주 때까지 더 오를 것이다.

그 후 나와 주희 씨의 사이는 더욱 돈독해졌다. 사석에서 만나 식사도 하고 서로의 고충도 이야기하면서 점점 가까워졌다. 늘 부동산 정보에 관심이 많고 긍정적인 그녀에게 나는 넌지시 신도시 역세권 상가 5층을 구입해 보라고 했다. 다 지어지려면 2년쯤 걸리는 큰 상가지만 투자비용도 적고, 무엇보다도 역세권이라 치과 이전도 염두에 두고 설명했다. 주희 씨는 "사장님이 권해 주시니 한번 진지하게 고민해 볼게요."라면서 돌아갔다.

나는 고객들에게 신도시 상가 5층은 잘 소개하지 않는다. 신도시 상가를 소개할 때는 공실률 없는 1층 코너에 집중한다. 하지만 이 고객의 경우는 달랐다. 일단 치과를 운영하고 있었기 때문에 위치가 좋은 5층에 개원도 할 수 있기 때문이었다.

다음날 오전 일찍 주희 씨가 우리 사무실에 왔다.

"어서 오세요. 아침 일찍 오셨네요. 운동 가시는 중이세요?"

"아니에요. 어제 사장님이 말씀해 주신 그 상가 계약하려고 계약금을 가지고 왔어요."

"아니, 이렇게 빨리 결정을 하셨어요?"

"나도 좋을 것 같았지만, 남편도 치과가 너무 작아서 큰 곳으로 옮기려는 생각은 있었는데 아주 잘됐다고 하면서 오늘 계약하고 오라고 하네요."

우리는 그 길로 상가를 계약했다. 상가 준공은 아직 남았지만 건물이 계속 올라가고 있고 큰 치과가 들어온다고 하니 다른 층도 빠르게 계약이 되어 완판 분양을 하고 임차인들을 맞추고 있다. 아마도 상가가 다 지어지면 임차인들은 서로 달라고 할 것이며 매매가도 올라갈 것이다.

이렇게 종잣돈은 남편이 벌어도 부동산 투자는 아내가 하는 집이 많다. 특히 돈을 많이 벌고 바쁜 남편을 둔 아내가 그렇다.

우리 사무실에 오는 고객 중 또 다른 의사 부인이 있다. 나와 비슷한 나이인 영선 씨의 촉은 20여 년 내공의 나도 못 당할 때가 있다. 영선 씨는 나를 만나기 전부터 투자의 달인이었다. 강남의 아파트를 시작으로 분당, 판교까지 손을 대기만 하면 대박 행진이었다. 동탄 신도시에 관심이 많아서 여러 부동산 중개사무소에 전화를 걸고 방문도 했는데 나와 코드가 가장 잘 맞는 것 같다고 했다. 그 후 나와 자주 만나 분양권 투자와 이주자택지 투자를 많이 했다. 돈도 많이 벌었다.

영선 씨는 투자할 때 남편에게 의논도 하지 않는다. 처음에는 의논했는데 남편이 반대했고, 그 아파트 가격이 제일 많이 올랐단다. 그렇게 몇 번의 기회를 놓치고부터는 남편도 당신이 알아서 하라며 손을 뗐다고 한다. 지금은 남편보다 자산을 훨씬 많이 불려서 남편에게 큰소리치면서 산다고 웃으며 이야기한다. 영선 씨는 항상 부동산에 관심을 가지고 공부하면서 임장을 다닌다. 골프를 치러 가도 차를 따로 가지고 가서 골프장 주변 부동산 중개 사무소에 들러 땅을 살 것처럼 물어 본다. 그렇게 해서 실제로 땅도 살 만큼 적극적이고 아는 것도 많다.

부동산 중개인도 아는 것이 다 다르다. 내가 수지에서 부동산을 할 때였다. 그때 광교 분양권 가격이 많이 내렸다. 나는 우리 사무실에서 전세를 얻어 사는 임차인 수경 씨에게 전화를 걸었다. 평소 집이 낡았다면서 새 아파트에 한번 살아 보고 싶다고 입버릇처럼 했던 말이 기억났기 때문이다.

"광교 분양권이 많이 내렸으니 분양권을 사서 내 집 마련도 하고 새 아파트에서 한번 살아 봐요."

"글쎄요… 아직 전세 기간이 많이 남아 있으니 그때 가서 생각해 볼게요."

"지금 사야 저렴하지, 나중에는 어떻게 될지 몰라요."

사람들은 부동산에서 물건을 권하면 수수료를 받기 위해서 그러는 줄 안다. 그렇지 않다. 나는 고객에게 도움이 된다고 생각할 때 사라고 한다.

며칠 후 수경 씨에게 한 번 더 전화를 했다. 목소리에 뭔지 모를 냉기가 흘렀다. 이야기인즉, 내 전화를 받고 주말에 광교에 있는 부동산 중개사무소에 갔다고 했다. 방문한 사무실에서는 지금 광교에 분양권 가격이 한참 내렸는데 왜 지금 사냐고 하더란다. 앞으로 더 내려 갈 예정이라 지금 사면 큰일 난다고 했다는 것이다. 그러면서 어떤 부동산 중개사무소인지 투자할 줄 모른다고 했단다. 그녀는 또한 그 중개인이 사지 말라고 말리는 모습이 양심적으로 보였다고 말했다.

나는 기분이 묘했다. 분양권을 사라고 한 나는 양심 없는 중개업자고, 사지 말라고 한 사람은 양심적인 중개업자가 된 것이다. 전화로 긴 이야기를 할 수 없어서 일단 시간을 내서 방문하면 왜 지금 사야 하는지 자세히 알려 주겠다고 했다.

며칠 뒤 수경 씨 부부가 같이 우리 사무실에 왔다. 나는 왜 광교 분양권이 다시 오를 것인지에 대해서 자세히 설명했다. 오기가 나서 더 열심히 설명했다. 수경 씨의 남편은 한참을 듣고는 "알겠습니다. 사장님이 그렇게 확신을 가지고 이야기하시니 사겠습니다. 좋은 금액으로 알아봐 주세요. 사실은 제가 요 며칠 광교 분양권에 대해서 알아 봤는데 사장님 말씀처럼 상담해 주시는 부동산도 있었습니다. 저도 사장님 말씀에 동의합니다."라면서 분양권 매수를 의뢰했다. 수경 씨도 저번에는 미안했다고 사과했다.

앤티크처럼 부동산 투자도 아는 만큼만 보이고, 보이는 만큼만 안다. 더 많이 보려면 알아야 하기 때문에 공부도 하고 부동산 중개사무소에 가서 정보도 듣는다. 필요한 내용은 인터넷에 다 나와 있어서 정보를 구하기도 쉽다. 하지만 인터넷이 전부는 아니다. 부동산 중개사무소에 직접 들러서 알아봐야 한다. 일단 나의 휴대전화 010.5396.7895나 네이버 카페 〈30대를 위한 부동산 투자 연구소〉로 먼저 연락을 취해 보시길 바란다. 최고의 조언을 해 드릴 준비가 되어 있다. 아는 만큼 보이는 것이 부동산이기 때문에 알면 알수록 부동산 투자에 성공할 수 있다.

2년 안에 평생 열매 맺는 머니트리 만들기

당신은 꿈꾸는 사람인가? 당신의 꿈은 무엇인가? 당신은 그 꿈을 이루기 위해 무엇을 하는가?

현대인들은 하루하루를 바쁘게 사느라 꿈이 무엇이었는지조차 잊어버리고 산다. 성공하는 사람들의 이야기에 빠지지 않는 단어는 바로 '꿈'이다. 지금 내 꿈은 일을 하지 않아도 돈이 나오는 부자가 되는 것이다.

우리 사무실에 자주 오는 부부가 있다. 처음 봤을 때부터 세련된 이미지에 호감이 가는 인상이었다. 하지만 첫인상과는 다르게 고생을 많이 한 사람들이었다. 남편 서동호 씨는 직장을 다니고 아내 배선희 씨는 동대문시장에서 청바지를 팔았다. 직접 디자인하고 제단해서 파는 영세사업자였다. 운 좋게 청바지가 인기를 끌면서 매출이 많이 늘었다. 혼자 하기에 버거울 만큼 가게가 커져서 직장에 다니던 동호 씨도 사표를 내고 합세했다. 그런데 시장 특성상 매출이 일정하지 않아 늘 불안했다. 직장을 그만두었기 때문에 더 걱정되었다.

그러던 중 광교 신도시 아파트가 당첨되었다. 광교에서 동대문시장까지 출퇴근하기 힘들어 아파트를 처분하려고 했다. 부동산 중개사무소에 들어갔는데 중개인이 통화 중이라 내용을 듣게 되었다. 동탄 아파트 단지 내 상가 입찰이 있는데 그것을 받으면 돈이 된다고 하는 이야기였다.

먼저 광교 아파트 가격을 물어 보니 많이 올라 있었고 앞으로도 더 오른다는 중개인 말에 팔지 않기로 결정했다. 그리고 중개인이 말한 단지 내 상가가 궁금해 동탄으로 와 단지 내 상가에 대해 알아보았다. 단지 내 상가를 분양받아 월세를 받으면 좋다는 말에 며칠 뒤 입찰을 받아 보기로 했다.

처음 입찰을 하려니 얼마를 써야 하는지 감이 잡히지 않았다. 가격이 문제였다. 일단 낙찰받으려는 욕심에 가격을 높게 써 내서 낙찰이 되었다. 주변에 있던 다른 사람들이 처음에는 축하한다고 했지만 나중에는 너무 높게 썼다고 하는 것이 아닌가? 후회와 걱정이 밀려 와 밤잠을 자지 못했다. 그러나 일단 입찰을 받았기에 계약을 하고 좀 기다리기로 했다.

그 뒤 1년 반이 지난 어느 날, 부동산 중개인에게서 전화가 왔다. 권리금으로 1억 원을 더 줄 테니 단지 내 상가를 팔라고 했다. 정신이 번쩍 들었다. 1억 원이라니? 무슨 말인지 알아들을 수가 없었다. 그동안 가게가 바빠서 전혀 신경을 못 썼는데 계약금 10%와 중도금 10%만 내고 있던 상가를 1억 원을 더 준다니…. 다음날 동탄 부동산 중개사무소에 가 보니 나날이 변해가는 동탄에 아파트 분양권 값도 많이 올랐고 단지 내 상가 값도 많이 올랐다.

동대문시장에서 장사를 하려면 저녁 8시에 나가 새벽 5시쯤 문을 닫아야 한다. 밤낮이 바뀌는 생활을 하다 보니 건강도 많이 나빠졌다. 그동안 돈도 많이 벌었고 이렇게 단지 내 상가를 낙찰받아 월세를 받는다면 더이상 걱정이 없을 것 같았다. 동호 씨 부부는 적극적으로 부동산 투자를 알아보았다. 가지고 있는 돈으로 무엇이든지 투자한다면 노후는 걱정하지 않아도 좋을 것 같았다. 그리고 단지 내 상가를 집중적으로 입찰받았다. 처음처럼 높은 가격에 입찰받지 않고 전략을 짜서 낮은 가격으로 입찰을 받았다.

이렇게 입찰받은 단지 내 상가는 모두 4개였다. 2개는 입주해서 월 360만 원씩 월세가 나오고 2개는 아직 입주를 안 했지만 4개 모두 상가 가격이 억대로 많이 올랐다. 동대문시장의 옷가게는 그동안 열심히 일한 종업원 2명에게 저렴한 가격에 넘겼다.

지금은 부부가 손잡고 입찰을 보러 다니면서 여유로운 생활을 하고 있다. 매일 바쁜 생활을 하다가 지금은 해외여행도 다니고 한가롭게 등산도 하면서 오롯이 행복한 시간을 보낸다. 동호 씨의 나이는 52세다. 50세에 은퇴하고도 매달 360만 원을 받고 상가 입주가 다 끝나면 약 700만 원을 평생 받을 수 있는 시스템이 구축되었다.

단지 내 상가를 낙찰받으면 계약금 10%를 내고 중도금은 10% 정도 더 내고 나머지는 대출로 처리한다. 잔금 때는 임차 보증금을 제외하고 준비한다. 보통 3~4억 원 하는 단지 내 상가도 초기 자금은 많이 들어가지 않는다. 요즘은 상가 입찰가격도 많이 올랐고 중도금 대출도 잘 나오지 않기 때문에 적극적인 입찰은 피하고 다른 상품을 알아보고 있다. 대출금도 어떻게 변하는지 관심을 가지고 투자해야 높은 수익이 날 수 있다.

택지지구의 신도시에서는 부동산 중개인이 할 일이 많다. 아파트 분양권, 입주 아파트, 점포주택지, 단독주택지, 중심 상가 등 다양한 일이 있지만 부동산 중개인마다 전문분야가 있다. 나는 신도시에서는 점포주택지와 상가를 집중적으로 했다.

상가는 근린상가 입찰과 단지 내 상가 입찰을 주로 한다. 예전보다는 내정가가 많이 올랐지만 그래도 입찰을 잘 보면 수익이 많이 난다. 입찰을 보려면 우선은 그 지역을 알아야 하고 주변 상가의 시세를 파악해야 한다. 요즘에는 높은 가격으로 무조건 낙찰을 받으려고 하지만 높게 낙찰을 받으면 나중에 힘들어지는 경우를 종종 본다. 나는 소액으로 하는 단지 내 상가 입찰도 많이 참여했다. 사실 단지 내 상가는 소액으로 투자할 수 있고 다른 상가에 비해 안전하기 때문에 인기가 많은 종목이다. 그래서 공부를 하고 전략을 세워야 한다.

아파트 단지 내 상가는 아파트 주민들이 이용하는 상가여서 보통은 150~200세대에 1개가 있는 것이 적절하다. 그런데 요즘 단지 내 상가는 로드 상가가 되어 입찰을 보더라도 신중해야 한다. 상가 전문 부동산 중개사무소와 함께 전략적 낙찰을 받으면 좋은 결과를 볼 수 있다.

부동산도 흐름이 있다. 시장경제와 맞물려 차익형의 시기인지 수익형의 시기인지 흐름을 잘 파악하고 투자해야 한다. 요즘은 예전처럼 차익형 투자를 하기보다는 안전하고 소액으로 하는 수익형 부동산이 대세다.

LH 한국주택토지공사에서 분양하는 단지 내 상가는 세대수가 많고 소형 평형이어서 인기가 많다. 더군다나 내정가가 저렴하게 책정되어 있어 운만 좋으면 저렴하게 낙찰받을 수도 있다. 나도 자주 LH 단지 내 상가에 입찰을 본다. 입찰은 간편하게 공인인증서를 이용해 온라인에서 볼 수 있다. 한 번은 좋은 가격으로 낙찰되었지만 남편에게 말하지 않고 노후에 월세를 받으면서 편안히 살겠다는 꿈을 가지고 있었다. 힘들지만 상가 입주 때까지만 가지고 있으면 승산이 있을 것 같았는데 갑자기 돈이 필요해졌다. 부동산 중개 일을 하다 보면 돈이 필요한 일이 있다. 그래서 오를 줄 뻔히 알면서도 팔았다. 그 상가는 팔고 나서 내가 생각했던 것보다 훨씬 많이 올랐다. 평생 열매 맺는 머니트리를 뿌리째 뽑은 것 같아 착잡했다.

단지 내 상가는 통상 아파트를 분양하고 2개월 후부터 입찰 공고를 한다. 늦게 입찰하는 단지는 입주 직전에 하기도 한다. LH에서 분양하는 단지 내 상가는 대부분 입주하기 직전에 입찰 공고를 낸다. 아파트 준공이 2년 6개월 걸린다고 계산하면 LH 상가는 분양받은 후 1년 이내, 일반 아파트 상가는 분양받고 2년 후면 임차인을 구할 수 있게 되고 월세를 받을 수 있게 된다.

나와 내 고객들은 단지 내 상가 낙찰도 받고 권리금을 받고 팔기도 했다. 투자를 하다 보면 권리금을 받고 금방 파는 경우를 종종 본다. 하지만 계속적으로 투자만 한다면 어느 날 예상하지 못한 변수 때문에 크게 실패할 수 있다. 투자 비율을 생각하고 꼭 수익형 투자로 변수를 예상해야 한다. 수익형은 평생 열매 맺는 머니트리로 만들 수 있다. 그것도 2년 안에 말이다.

5

부동산 투자로 후천적 부자가 되라

부동산 소액 투자로
후천적 부자가 되라

"여러분, 부자 되세요."

2000년대 초반 대박을 친 카드 광고 속 유행어다. 당시 모든 대화의 끝은 "부자 되세요."였다. 모두가 바라던 말이지만 왠지 모르게 속물 같아서 말하지 못했는데 광고에서 속 시원하게 외쳐주니 너도 나도 부자 되라고 외치고 다녔다.

우리나라 부자들 중 자수성가형이 80%나 된다고 한다. 금수저가 아닌 후천적 부자들이다. 나와 당신도 분명 후천적 부자가 될 수 있다.

황경식 씨는 허름한 잠바를 입고 가끔 우리 사무실에 와서 커피를 마시며 대화를 나누다 간다. 우리 사무실 근처에 상가가 있어 월세를 놓으러 온 것이 인연이 되어 지금은 일이 없어도 사무실에 들러서 많은 주옥같은 이야기를 해 주는 부동산 전문 투자자다.

제주도가 고향인 경식 씨는 오래전에 무작정 제주도를 떠나왔다. 제주의 바람도, 바다 냄새도 다시 맡고 싶지 않아서 뒤도 안 돌아보고 서울로 왔다. 가난한 부모 밑에서 중학교도 중퇴를 했단다. 어릴 때부터 기념품가게에서 점원으로 일했다. 월급을 타서 목돈을 만들고 싶었지만 모으기는커녕 항상 마이너스였다. 그곳에 있다가는 평생 헤어 나오지 못할 것 같다는 생각에 야반도주하듯 서울로 온 것이다.

경식 씨가 서울로 와서 처음 일한 곳은 이태원이었다. 제주도 기념품가게에서 외국인 관광객들을 상대로 일한 경험이 있는지라 이태원에서도 가게 점원으로 취직했다. 집을 떠나올 땐 몰랐는데 혼자 있다 보니 가족이 너무 그리웠다. 상경한 지 얼마 되지 않아 같은 가게에서 일하던 여자와 결혼했다. 두 사람은 열심히 일을 하며 돈을 모았다. 가게를 빨리 얻고 싶어서 노숙자 같은 생활을 하면서도 돈 한푼 쓰지 않고 허리띠를 졸라맸다.

월세로 신혼생활을 시작한 지 2년 만에 전세로 갔다. 해방촌이라 불리는, 이태원에서 멀지 않은 곳이었다. 비록 언덕을 한참 올라가야 했지만 전세를 얻으니 너무 기뻤다. 그 뒤 3년이 지나 그동안 모은 돈으로 가게를 얻으러 다녔다.

그러던 어느 날 살던 전셋집이 경매로 넘어 가면서 보증금을 못 받을 수도 있다고 했다. 보증금을 찾을 방법으로는 그 집을 낙찰받을 수밖에 없었다. 하지만 당시 경매는 다 조폭들이 받았고 일반인은 경매를 받으려면 조폭들에게 따로 웃돈을 주어야만 했다. 그래도 전세금을 잃어버릴 수 없어 그 집을 울며 겨자 먹기로 경매를 받았다. 그러면서 경매의 장점을 알게 되었다. 시세보다 훨씬 싸게 받아서 다시 팔아도 이익을 볼 수 있다는 것을 알고 경매의 매력에 빠지게 되었다.

그것이 기회가 되어 경식 씨는 돈을 모아 경매를 받기 시작했다. 특히 이태원 근처의 물건이 나오면 적극적으로 낙찰을 받았다. 1997년 이태원이 관광특구로 지정되고 외국인들이 모여들면서 상가는 활성화되었다. 경매로 받은 상가는 처음에는 옷가게로 임대를 주었다가 나중에는 앤티크 상점이 들어섰다. 이태원 상권이 활기를 띠고 유동인구가 많아지면서 가격도 많이 올랐다.

그렇게 경매를 본격적으로 하면서 재산이 많이 늘었다. 그중에서도 가장 큰 자산이 된 것은 오래전에 경매로 받은 경기도 용인의 야산이었다. 그 야산에 광교 신도시가 들어오면서 거액의 보상금을 받게 되었다. 그리고 남은 자투리땅에는 음식점을 지어 세를 주고 있다.

경식 씨는 지금도 경매 예찬론자다. 지금은 예전처럼 힘들지 않게 누구나 할 수 있고 소액으로 돈을 벌 수 있다면서 종잣돈을 마련해 눈을 크게 뜨고 경매로 낙찰을 받으라고 한다. 나도 오래전에 아파트를 경매받은 적이 있다. 처음에는 경매 전문가에게 의뢰해서 작은 아파트를 받았다. 그런데 그곳에 살던 세입자가 한 푼도 못 받고 쫓겨 나가는 상황이 되었다. 그 후로 아파트는 하지 않기로 했다. 대신 상가와 땅을 주로 했다. 어느 것이나 현장 검증은 필수지만 상가 경매는 더욱 조심해야 한다. 좋은 상가가 경매로 나오기 쉽지 않기 때문이다.

경식 씨는 이제 부자가 되었다. 자산이 수백억 원대는 될 것이다.

"사람은 돈이 있어야 해. 그래야 하고 싶은 것을 할 수가 있지. 돈 자랑하라는 말이 아니고 돈을 사람답게 쓰라는 거야. 돈이 있어야 남을 도울 수 있고, 돈이 있어야 인생을 논할 수 있지."

경식 씨가 항상 하는 말이다. 그는 긍정적인 생각이 중요하다고 늘 강조한다. 한마디 한마디가 교훈이 된다.

경식 씨와는 다른 방법으로 소액 투자해 후천적 부자가 된 사람이 있다. 나와 노수미 씨의 인연은 2001년쯤 이루어졌다. 그때 나는 수지에서 부동산을 하고 있었다. 수미 씨는 결혼 3년 차 전업주부로, 아이 하나를 두고 수지의 낡고 작은 아파트 전세를 살고 있었다. 아이를 업고 부동산 사무실로 들어선 그녀의 눈이 반짝반짝 빛나고 있었다. 첫눈에 보기에도 아주 똘똘해 보였다.

"사장님, 저는 돈이 별로 없는데 부동산으로 뭔가를 해서 돈을 벌고 싶어요."

"돈이 얼마나 있는데요?"

"다 모으면 1,000만 원은 돼요."

마침 그날은 신봉동 우남아파트가 미분양으로 줄을 서서 신청하는 날이었다.

"그래요? 그럼 지금 미분양 난 임대 아파트가 있는데 분명 오를 테니까 그 아파트에 줄 서서 신청하세요. 오늘이니 지금 빨리 가서 줄 서세요."

당시 수지 신봉동 우남아파트는 분양 전환 임대 아파트로 미분양되어서 줄을 서서 신청을 받았다. 분양금액은 7,800만 원으로 기억된다. 그러니 계약금 780만 원만 있으면 되는 것이었다. 수미 씨는 내 말을 알아듣고 줄을 서서 분양받았다. 그리고 입주 때 1억 원에 팔았다. 780만 원으로 2년 반 지나서 2,800만 원이 남은 것이다. 그렇게 부동산 투자로 돈을 버니 그다음부터는 무조건 투자하겠다고 했다. 그 돈으로 다시 신봉동 신엘지 1차 아파트를 샀다. 분양권 가격이 매일 오르던 그때, 그것은 효자상품이었다. 입주 때는 많이 올라 또 다시 매도를 하고 다른 분양권을 샀다. 그렇게 거침없이 분양권을 사고팔았다. 투자로 재미를 본 수미 씨는 열심히 부동산 공부를 했다. 저녁에 남편이 퇴근하고 오면 아이를 맡기고 대학 평생교육원에서 부동산 10주 특강도 듣고 부동산 관련 책도 많이 읽었다.

그 후 한동안 수미 씨를 만나지 못했다. 나는 나대로 바쁜 나날을 보내고 있었다. 나는 그때 부동산 투자를 재개발에 두고 재개발 공부를 했다. 서울은 땅이 한정되어 있기 때문에 서울 요지의 재개발은 항상 투자 1순위다. 그때 나는 한남, 용산, 마포, 성남 등 재개발 현장으로 임장을 다녔다. 아침에 나가면 저녁 늦게 돌아오는 날이 많았다.

어느 날, 수미 씨에게서 전화가 왔다. 돈이 조금 모여서 투자하고 싶은데 어디로 해야 할지 상담을 했다. 자금에 맞고 전망이 있는 곳을 고르다 보니 성남 재개발 지역 중 산성 지역을 택했다. 한동안 주춤했던 성남 재개발은 지금 본격적으로 움직이고 있다. 더군다나 바로 옆이 위례 신도시이고 남한산성을 끼고 있어 입지와 환경 두 마리 토끼를 잡을 수 있다. 나는 대지 30평에 3층짜리 주택을 소개했다. 대출을 받으면 월세로 대출이자를 낼 수 있고 또 세입자가 많아서 분명 2년 후에는 원금 회수도 가능한 물건이었다.

똘똘한 수미 씨는 바로 계약하자고 했다. 자세한 기억은 안 나지만 대출금과 보증금을 빼고 7,000만 원으로 그 집을 샀다. 그리고 6개월이 지나니 월세 세입자가 나가면서 계속해서 월세를 올려 받을 수 있었다. 현재 원금은 물론 다 회수했고 재개발이 되면 32평 아파트가 공짜로 생긴다고 좋아하고 있다. 투자로 성공한 자부심을 느낄 수 있었다.

수미 씨는 또한 이주자택지에도 관심을 가지고 있다가 2015년 영정도의 이주자택지를 구입했다. 지금 그녀는 광교 분양권을 사서 이사했다. 살 때보다 많이 올랐다고 하면서 광교 예찬론자가 되었다. 그녀는 광교 아파트, 영정도 이주자택지, 성남 재개발 등을 골고루 가지고 있다. 시가로 수십 억 원은 될 것이다.

나는 소액으로 부동산에 투자해서 후천적 부자가 된 사람들을 많이 봤다. 그들의 공통점은 역시 끊임없는 관심과 공부 그리고 실행력이다. 부동산 부자들이 공부를 하지 않는 경우는 드물다. 현장 방문, 부동산 관련 책 읽기, 전문가의 세미나 듣기 등 항상 공부하고 자신의 상황에 맞게 투자한다.

또한 그들은 기회가 왔을 때 절대 놓치지 않는다. 실행력이 좋다. 주춤거리거나 어물쩍하지 않는다. 그렇게 할 수 있는 이유는 자신감 덕분이다. 자신감은 공부를 하면서 생긴다. 인터넷으로도 쉽게 공부할 수 있다. 무료나 유료 사이트에 가입해 전문가들에게 듣고 현장에도 꼭 나가서 확인해야 한다. 어떻게든 부자가 되겠다는 확고한 의지로 자신에게 맞는 방법이 무엇인지 진지하게 연구해 투자한다면 틀림없이 부자가 될 것이다.

2

후천적 부자가 된 사람들과 어울려라

우리나라 부자 중 자수성가했다는 80%의 부자들은 어떻게 부자가 됐을까? 직업상 부자들을 많이 만나는 나는 그들의 생각과 경험을 배우고 싶어졌다. 그들을 유심히 관찰하고 그들의 말에 귀 기울이면서 그들을 따라 하고 싶어졌다.

판교 타운하우스에 사는 문성호 씨는 도배 일로 돈을 벌었다. 그는 강경 시골에서 초등학교만 겨우 나와 수원으로 올라왔다. 그곳에서 친척이 하는 도배 일을 따라 다녔다. 도배 일은 힘들지만 재미있었다. 도배만 해 놓으면 지저분했던 집이 깨끗해져서 마음까지 밝아지는 것 같았다. 그러다 보니 남들이 쉴 때도 일하고 힘든 일도 먼저 하면서 빠르게 실력자가 되었다.

도배를 같이 하던 여성과 결혼도 하고 돈이 조금 모였을 때 수

원의 한 단독주택을 사게 되었다. 그 주택에서 10년을 살았는데 주변 단독주택들이 점점 변해 상가주택이 되어 갔다. 아침 일찍 나가 저녁에 돌아오는 동안 동네는 변해 갔다.

어느 날 왜 이렇게 상가주택으로 변해 가는지 부동산에 알아보기로 했다. 부동산에서 하는 말이 그 지역은 용도가 바뀌어 땅값이 많이 오르고 상가도 지을 수 있는 땅으로 바뀌었다고 했다. 그러면서 높은 가격을 줄 테니 팔라고 했다. 성호 씨는 도배를 하면서 건축하는 사람들을 많이 알고 있었다. 건축의 최종 마감이 도배이다 보니 건축업자들과 형님 아우 하는 사이였다. 그런 인맥이 있다 보니 자신감도 있었고 손재주가 좋아 집 고치는 일도 잘했기 때문에 본인이 상가주택을 직접 짓기로 했다.

처음 짓는 것이어서 시행착오도 있었지만 자신의 집이니 천년만년 살 것처럼 꼼꼼하고 단단하게 지었다. 그렇게 짓다 보니 집 잘 짓는다고 소문이 나 집을 지어 달라는 의뢰도 들어 왔다. 이제는 도배장이가 아닌 건축업자가 되었다. 집 짓는 일은 너무 신나고 재미있었다. 건축주가 만족하면 하늘을 나는 기분이 들었다.

성호 씨는 땅을 사서 집을 짓고 팔았다. 한때는 땅을 잘못 사서 큰 손해를 보기도 했지만 다시 일어섰다. 건축 일을 하면서부터 아들과 함께했다. 아들은 고등학교를 나와서 아버지 일을 도와 건축에 잔뼈가 굵어졌다. 일이 커지면서 건설회사가 되었고 아들에게 사장 자리를 주었다. 그렇게 돈을 벌어 기흥과 판교에 땅을 샀다. 판교 땅은 택지지구로 지정받으면서 보상금을 많이 받았다. 그동안 아내, 아들과 함께 고생한 모든 것이 판교에서 받은 보상금으로 위로가 되었다. 성호 씨는 더 이상 건축 일은 하지 않고 그 대신 투자 고수가 되어 좋은 땅을 사러 다닌다.

도배 일은 기술자와 보조자가 팀을 꾸려 함께 다닌다. 성호 씨는 보조자 이동재 씨와 함께 다녔다. 어느 날 동재 씨가 성호 씨를 찾아와 본인도 집 짓는 일을 하고 싶다고 했다. 성호 씨가 건축 일을 하고 부자가 되는 것을 보고 그를 따라 하기로 마음먹은 것이다. 경험 많은 그의 일거수일투족을 배우면서 동재 씨도 집을 짓고 땅도 사면서 부자가 되어 있었다. 지금도 성호 씨와 함께 다니면서 투자 노하우를 배우고 있다.

부에 대한 가장 좋은 학습법은 부를 소유한 사람, 즉 부자를 만나 그들의 경험을 내 것으로 받아들이는 일이다. 부자들을 따라 하려는 마음이 있어야 한다.

우리 가족은 충주에서 산 적이 있다. 남편이 충북 음성으로 내려가 설계 사무실을 차리고 그곳에서 새롭게 사업을 할 때였다. 그 지역 사람들과 만나면서 사무실 홍보도 하고 싶어서 음성 국제라이온스클럽과 JC클럽에 들어갔다. 실업가와 직업인을 회원으로 하는 국제적인 사회봉사단체로, 성공한 기업인들이 많이 가입해 있었다. 부자들을 쉽게 만날 수 있어 사업적인 욕망이 있는 사람들도 많이 온다. 봉사단체에 불순한 생각을 가지고 온다고 생각하는 사람도 있을지 모르지만 그렇게 적극적으로 부자들을 만나고 노하우를 배우려는 사람만이 부자가 된다. 그곳에서 부자들의 정보도 알고 그들을 따라 해서 부자가 되면 봉사도 더 열심히 하게 된다.

부자는 하루아침에 되지 않는다. 부자가 되려고 마음먹고 부자를 동경해야 한다. 내가 잘 아는 후배도 부동산 중개사무소를 하면서 고려대학교 경영대학원 최고경영자 과정에 들어갔다. 정말 경영을 배우고 싶어서 가는 사람도 있지만 폭넓은 인적 네트워크를 만들고 싶기 때문에 가는 사람도 많다.

내가 그곳에서 만난 부자들의 특징 중 하나는 누구보다도 자기 일을 즐긴다는 것이었다. 그들은 자기 일에 무한 애정을 가지고 언제나 최선을 다했다. 항상 남보다 앞서면서 시간을 쪼개 썼다. 그러나 무엇보다도 부자들은 한결같이 열정적이었다. 열정이 없는 후천적 부자는 만나지 못했다.

또한 부자들은 자기가 운이 좋았다고 이야기한다. 물론 결과적으로 그럴 수도 있지만 평소에도 그렇게 긍정적으로 생각한다. 실패했어도 그것 때문에 다른 것에 성공다고 생각하면서, 실패를 가슴 깊이 새기고 또 다른 실패로 만들지 않았다. 실패 경험이 없는 부자는 없었다.

그들이 또 한 가지 소중하게 생각하는 것은 '돈'이었다. 돈을 함부로 생각하지 않았고 귀하게 여겼다. 꾸깃꾸깃 접어서 바지 주머니에 넣지 않고 장지갑에 곱게 모셔 두고 썼다. 또한 돈에 대한 기본 생각이 보통 사람과는 달랐다. 돈의 흐름을 감각적으로 알고 있을 뿐 아니라 돈 감각을 배우려 애썼다. 그저 '내일이면 좋아지겠지' 하고 안일하게 생각하지 않고 열심히 움직였다.

흔히 말하는 흙수저에서 금수저로 탈바꿈하려면 뱀이 허물을 벗듯이 이제까지의 나쁜 습관을 버려야 한다. 돈에 대한 생각도 다시 정립하고 자신이 하는 일도 즐길 줄 알아야 한다. 부자로 타고 나지 않았다면 후천적으로라도 돈 감각을 길러야 하고 자신이 하는 일에 열정을 바쳐야 한다. 열정 없이는 성공할 수 없다.

고객들 중 현금 10억 원을 보유하고 있는 사람들은 대하기가 약간 까다롭다. 10억 원을 하루아침에 모으는 사람은 없다. 그 돈을 모으기까지 많은 시행착오도 있었고 고생도 많았을 것이다. 또한 자부심도 대단하다. 100억 원이 있는 사람보다 높은 자부심을 가지고 있다.

그들은 보통 사람들과는 다르게 상담해야 한다. 그들은 전문가를 찾아 왔지만 막상 전문가의 조언을 들으려고 하지 않는다. 흥분하기도 하고 울먹거리기도 하면서 본인의 이야기를 주로 한다. 충분히 이야기를 들어 주고 원하는 투자 물건을 추천해 주면 그 물건의 단점만 찾는다. 부정적인 면을 확대해서 장점을 보지 못한다. 원금 손실에 대한 두려움이 많기 때문에 투자할 물건이 없다. 물론 가지고 있는 돈을 잘 지키는 것이 무엇보다 중요하다. 하지만 100% 안전한 투자는 없다. 그들은 스스로 많은 경험을 했고 잘 안다고 생각한다. 감으로만 이야기하고 주위 사람들의 잘못된 투자만 기억한다. 이런 사람들은 하수다.

부동산 투자 고수들은 다르다. 그들은 비용을 지불하면서 전문가의 조언을 듣고 긍정적으로 검토한다. 단점이 있어도 미래 가치가 있다고 생각하면 공격적으로 투자한다. "나비처럼 날아가 벌처럼 쏜다."는 말처럼 신속하게 결정한다. 고수는 항상 공부하고 준비하기 때문에 숲을 보는 통찰력이 있다. 돈의 흐름을 알고 있고 돈 냄새를 맡으며 시대 변화에 따른다. 우연히 찾아온 한 번의 기회도 절대 놓치지 않는다. 눈빛이 다르다.

나는 이런 고수들의 이야기를 경청하고 그들의 투자 방법을 배운다. 그들의 부를 이루는 과정을 따라 해서 나도 더 큰 부자가 되려 한다. 부자들은 절대 먼저 부자가 되는 법을 가르쳐 주지 않는다. 굳이 알려 줄 이유도 없고 그렇게 한가하지도 않다. 배우고 싶다면 내가 직접 알아봐야 한다. 그들의 생각을 알아내고 그들이 지금 투자하려고 하는 것은 무엇인지 공부해야 한다.

지금 우리가 소액투자로 수익형 부동산을 찾고 있지만 사실 부자들은 이미 오래전부터 수익형 빌딩에 투자했다. 마땅한 빌딩이 없으면 빌딩을 지을 만한 다가구 다세대 주택도 매입해서 빌딩을 짓고 임대료를 받고 있다. 결과적으로 임대료는 둘째 치고 땅값이 많이 올랐다. 부동산 고수는 임대료에 연연하지 않고 땅값 상승에 집중한다.

예전에 마릴린 먼로가 출연한 영화 〈백만장자와 결혼하는 법〉을 본 적이 있다. 뉴욕에서 활동하는 패션모델인 세 여자가 백만장자와 결혼하고 싶어서 가지고 있는 돈을 몽땅 털어 부자들이 사는 초호화 아파트를 구해 그곳에 산다. 감당할 수 없는 최고급 생활을 하면서 가슴은 타들어 갔지만 결국은 원하는 대로 부자 남자를 만난다는 이야기다.

"공주로 태어나지 못했으면 신데렐라의 유리구두를 선택하라."는 말은 금수저로 태어나지 못했으면 후천적 부자라도 되라는 말과 같다. 선박왕 아리스토텔레스 오나시스 역시 "부자가 되고 싶으면 부자들이 사는 곳에 살아야 한다."고 했다. 부자들은 부자들끼리 어울리기 때문이다. 부자들과 어울리며 그들의 투자 방법을 습득해야 한다.

부자가 되려면
부동산 흐름을 파악하라

부자가 되려면 숲을 보는 지혜와 흐름을 파악하는 매의 눈이 필요하다. 누구나 원하지만 아무나 가질 수 없다. 모두가 자신은 최선을 다했다고 한다. 하지만 '열심히'가 아닌 '잘'해야 한다. 잘하는 사람들은 한 끗이 다르다. 생각을 많이 하니 틈새를 발견하고 관점을 달리 하며 트렌드를 읽을 줄 안다. 집에서 TV를 보고 인터넷만 한다고 해서 알 수 있는 것은 아니다.

내 친구 현정이는 아직 결혼을 하지 않았다. 형편이 어려운 집안의 장녀로 태어난 현정이는 돈을 벌어 많은 동생들을 보살펴야 했다. 그녀는 공부를 잘했지만 대학에 가는 것은 꿈도 못 꾸고 고등학교를 졸업하기도 전에 취업했다. 어려운 형편에 일만 하다 보니 혼기를 놓치고 지금껏 혼자 산다. 고생과 책임감으로 살아온 그녀의 얼굴에는 '나는 고생한 사람이다'라고 쓰여 있을 만큼 생활이 고되었다. 다행히 동생들은 다 공부시키고 결혼도 시켰다. 현정이는 엄마를 모시고 산다. 그런데 아직까지 자기 집 없이 전세로 살고 있다. 집값이 내릴까 봐 전 재산을 전세 보증금으로 묶어 놓은 것이다. 나는 가끔 만나는 현정이가 불쌍하기도 하고 답답하기 이를 데 없어 대출을 받아 소형 아파트를 사라고 이야기하지만 그녀에게는 통하지 않았다.

"대출을 받아서 이자를 못 갚으면 경매 당하잖아."
"아이고, 맙소사. 그래, 네 마음대로 살아라."

대화는 매번 그렇게 끝난다. 부정적인 결과만 생각하는 그녀에게 더 이상 할 말이 없다. 그녀는 아마 끝까지 그렇게 살 것이다.

부동산 투자를 할 때 필수적으로 생각해야 하는 것이 시간이다. 시간은 돈이고 돈이 시간이다. 돈 말고 시간을 아껴야 더 큰 돈을 벌 수 있다. 내가 대출을 받아서 집을 사라고 하는 이유는 대출받은 돈으로 시간을 사는 것이기 때문이다. 대출받는 만큼의 돈을 벌려면 많은 시간이 필요하다. 하지만 누군가가 시간을 들여 벌어 놓은 돈을 나는 은행에서 대출이라는 이름으로 미리 사용할 수 있다. 누군가의 시간을 내가 쓰는 것이다. 거기에 적절한 비용을 지불하는 것은 당연하다. 지금은 1억 원을 넣어 두면 이자가 15만 원 나온다. 목돈을 넣어둘 것이 아니라 그 목돈을 빌려 써야 할 때인 것이다.

지금부터 10년 후를 생각하고 부동산 투자를 한다면 10년 전을 생각해 보라. 10년 전 은행에서 대출을 받아 역세권 소형 아파트를 산 사람과 꾸준하게 10년 동안 적금을 부은 사람은 비교불가다. 10년 후를 생각하고 투자해야 한다. 10년 후 당신은 무엇을 하고 있고 부동산 가격은 어떻게 되어 있을지 눈을 감고 상상해 보기 바란다. 10년 후 변화될 부동산 흐름을 생각하고 투자해야 한다.

1970년 은행 이자는 연 20% 정도였다. 5년이 넘으면 30%까지 이자를 주었다. 개인 간의 이자도 월 4부로 계산했다. 지금 생각하면 미친 이자 같지만 실제로 그랬다. 그때는 적금을 들어서 목돈을 만들고 은행에 넣어 두기만 해도 이자가 많이 나왔다. 당시 부자들은 은행에 돈을 넣어 두고 이자로 살았다. 굳이 머리 아프게 상가를 사서 월세를 받을 필요도 없었다. 직장인들도 월급을 타면 이자를 조금이라도 더 주는 적금을 찾아서 들었다. 저축과 적금만으로 살기 충분했다.

하지만 지금은 저축과 적금만으로는 전세 값도 따라가지 못한다. 그런데 아직까지도 적금만 드는 직장인이 있다. 시대는 빠르게 변하고 있는데 변화를 파악하지도 따라 가지도 못하면 부자는커녕 먹고살기도 빠듯하다. 무조건 대출을 많이 받아 집을 사라고 부추기는 부동산 중개인도 문제지만 귀 막고 눈 감고 열심히 적금만 드는 것도 문제다. 지금 내가 처한 상황에서 무엇을 선택하느냐에 따라 인생을 화려하게 살 수도 있고 점점 도태될 수도 있다.

내가 수지에서 분양권을 전문으로 할 때의 일이다. 어느 늦은 저녁, 사무실 앞에 고급 세단이 한 대 섰다. 기사가 먼저 내려 뒷좌석의 문을 열자 한 노신사가 내렸다. 한눈에도 부자처럼 보였다. 노신사는 압구정동에 살다가 수지의 대형 아파트로 이사를 왔고 강남역 부근에서 회사를 경영하고 있다고 자기를 소개했다. 그 전부터 부동산 투자를 해 왔고 분양권에 관심이 있어서 퇴근하면서 들렀다고 했다.

당시는 분양권 가격이 눈만 뜨면 오르던 때였다. 계약금으로 1,000만 원이 들어왔는데 다음 날 해약한다고 2,000만 원을 돌려받은 적도 있고, 한 달도 안 되어 3,000만 원이 오르면 다시 팔기도 했다. 그렇게 분양권을 수없이 사 주고 팔아 주면서 큰 차익을 남겼다. 그렇게 노신사는 거액을 챙겼지만 수수료는 병아리 눈물만큼 주기도 아까워했다.

"내가 분양권을 몇 개나 사고팔고 했는데 수수료는 깎아 줘야지!"

제대로 주지도 않으면서 자기 덕분에 돈을 버는 것 아니냐면서 거들먹거렸다. 그때 나는 '내가 사서 팔았다면 거액을 벌 수 있었는데'라면서 후회했고, 본격적으로 부동산 투자자로 나서는 계기가 되었다.

그래도 그 노신사에게 배운 것이 많았다. 어느 날, 노신사가 퇴근길에 본인이 직접 차를 몰고 왔다. 기다리는 기사가 없어 여유가 생겼는지 자신의 파란만장한 인생 이야기를 해 주었다.

노신사는 초등학교도 졸업하지 못했다. 입학은 했지만 1~2년 다니고서는 더 이상 다니지 못했다고 했다. 어렸을 때부터 거지와 다름없이 살았다고 했다. 구걸도 하고 껌도 팔러 다녔다고 했다. 그는 "거지왕 알지? 나도 그 사람처럼 살았지. 먹는 것이 최고의 목적이었기에 다른 것은 관심도 없었고 생각할 수도 없었어."라고 말하며 웃었다.

그러다 우연히 동대문 광장시장 포목상에 옷감 나르는 배달원으로 취직이 되었다. 지금의 SK가 처음 하던 사업이 옷감이었는데 당시 인조견과 닭표 안감은 상당히 인기가 있었단다. 옷감은 어린 소년이 짊어지기에는 너무도 무거웠지만 힘든지도 모르고 열심히 했다. 차츰 월급도 오르고 약간의 돈이 모여 구석에 있는 가게를 싸게 얻을 수 있었다. 자리는 좋지 않았지만 장사 수완이 좋아 동대문 포목상에서 알아주는 사장님이 되었다.

그렇게 열심히 장사를 하니 제대로 된 가게를 살 돈이 되었다. 15년을 열심히 일한 대가였다. 가게를 하나 더 내려고 알아보고 있던 어느 날, 같은 포목상 하는 형님이 불렀다.

"우리 고향이 말죽거리인데 논이 싸게 나왔어. 이곳이 개발이 된다고 하니 빨리 땅을 사 둬."

말죽거리를 알아보려고 버스를 타고 갔지만 종점에서도 한참을 가야 그 논이 나와 포기하려는 순간 '저 논이 있으면 밥을 굶지는 않겠구나'라는 생각이 들었다. 그래서 가게를 살 돈으로 그 논을 샀다. 그곳이 지금의 양재역 사거리다.

"그때 상가를 샀으면 내가 지금처럼 부자는 안 됐겠지."

1980년대에 들면서 광장시장은 점점 활기를 잃어갔다고 했다. 하지만 말죽거리 논은 하루가 다르게 발전하고 요지가 되었다. 그 논이 노신사를 부자로 만들어 주었다. 그는 내게 말했다.

"종잣돈 만드는 것이 첫 번째고 두 번째는 부동산 투자를 하는 거야. 이 사장도 잘 명심해서 지금부터라도 꼭 땅을 사. 내 말 들으면 부자가 될 거야. 나는 이제 있는 땅만 해도 너무 많아. 심심풀이로 이렇게 분양권 투자하고 돈 벌면 맛있는 것 사 먹고 우리 애인한테 명품 사 주는 재미로 살지. 분양권은 잠깐 하는 거고 부동산 투자는 땅을 사야 해."

지금도 가끔 그 노신사 생각이 날 때가 있다. 그때 그의 말을 듣고 땅을 샀다면 나는 큰 부자가 되었을 것이다. 나는 요즘 그 노신사와 똑같은 말을 고객에게 하고 있다. 꼭 땅을 사야 한다고.

분양권을 사든 아파트를 사든, 사기만 하면 오르던 때는 차익형으로 투자하는 것이 맞았다. 그러나 그때는 우리나라가 중진국에 있을 때다. 우리나라는 이제 선진국으로 올라가는 단계에 있다. 모든 것이 점점 투명해지고 은행 이자는 점점 내려 갈 것이다. 어쩌면 일본처럼 제로 이율이 나올지도 모른다. 지금의 부자들을 보면 어디에 투자해야 할지 알 수 있다. 그들처럼 부동산 흐름을 알고 그 흐름을 타야 한다.

④
늦게 시작해서
크게 성공하는 비법

　나는 남들보다 한 발짝씩 늦게 시작했다. 결혼도, 출산도 남들보다 늦게 했다. 또 저녁형 인간이라 아침도 늦게 시작한다. 아침형 인간이 성공하는 확률이 높다고 해 나도 아침형 인간으로 개조하려고 여러 번 시도해 보았지만 성공하지 못했다. 굳이 변명을 하자면 대학생인 두 아들의 귀가 때문이다. 어찌된 일인지 두 아들은 돌아가면서 새벽에야 들어온다. 식구들이 집에 다 들어와야 안심하고 잠을 잘 수 있어서 늦게 자는 것도 있지만, 근본적인 이유는 나 자신 때문이다.

　2008년, 나는 금융위기로 큰 시련을 겪었다. 재산은 다 날아가고 남편과의 사이도 나빠졌다. 남편은 내가 투자한 것 때문에 가정이 힘들어졌으니 내 책임이라고 한마디씩 툭툭 던졌다. 나는 나대로 지금까지 투자해서 돈을 잘 벌었으니 아이들 유학도 보내고 잘 살았지 않느냐, 내가 나 혼자 잘 먹고 잘살자고 그랬느냐고 따졌다. 그렇게 냉랭하게 지내다 보니 집에 있어도 서로 각자의 일만 하고 어쩌다 말을 해도 날카로운 말들을 주고받을 뿐이었다. 상대방의 이야기를 듣지 않고 각자 자기 이야기만 계속하면서 서로 화가 났다. 골은 점점 깊어만 갔다.

그러던 어느 날 남편이 이렇게는 못 살겠다며 집을 나가겠다고 했다. 남편이 나가 버리면 별거가 되고 나중에는 이혼까지 하겠다는 생각은 했지만 어쩔 수 없다고 체념했다. 그러나 어찌 된 일인지 남편은 집을 나가지는 않고 매일 술만 마시면서 한숨을 쉬었다. 협박을 하는 건지, 항의를 하는 건지 그런 시간이 지속되었다. 사실 남편은 착하고 성실한 사람이었지만 어려움을 견뎌 내는 힘이 약했다. 나도 힘든 시간을 보내고 있던 터라 남편의 위로를 바랐지만, 남편이 더 힘들어하고 있던 것이다. 그렇게 우리는 만날 수 없는 평행선을 달리고 있었다. 다행스럽게도 차츰 경제사정이 좋아지면서 우리 부부의 관계도 회복되었다.

이혼 사유 중 경제적인 이유가 첫 번째인 경우가 많을 것이다. 우리 부부도 돈 문제가 해결되지 않았다면 결국 이혼했을 가능성이 높다. 그러나 이혼 역시 쉬운 일은 아니다. 어려울 때 더 힘을 합해서 역경을 이겨내야 하는 것이 부부지만, 죽음을 생각할 정도의 극한 상황에서 다른 사람을 배려하기란 쉽지 않다. 힘들고 위로가 필요한 사람들이 한 공간에 있기 때문에 더욱더 정신적인 여유가 없다.

나는 그때 이후 부부 상담 클리닉 TV 프로그램을 유심히 본다. 내가 경험을 해 보니 부부들의 문제는 각기 다르지만 해결하는 방법을 알지 못하는 것은 똑같다. 서로 쌓인 것이 많으니 자기가 하고 싶은 말만 하고 상대방이 하는 말은 뻔한 소리로 들려 귀를 막고 싶을 뿐이다. 여기서도 전문가가 반드시 필요하다. 상담 클리닉을 통해 부부관계가 회복되는 경우가 많다. 나는 부부관계에 문제가 있는 사람들에게 꼭 전문가를 찾아 가라고 조언한다. 누군가가 얽힌 매듭 하나만 풀어 준다면 부부관계가 회복될 수 있기 때문이다.

나는 돈 문제를 해결하지 못하고 매일 은행의 독촉을 받으며 힘들었던 그때 책을 읽기 시작했다. 하루 종일 돈에 대한 생각만 하는데 답은 나오지 않으니 아예 생각조차 하지 않으려고 책을 읽게 되었다. 종류를 가리지 않고 이것저것 닥치는 대로 읽었다. 어느 날은 마음을 어루만져 주는 책을 통해 커다란 위안을 받고 원 없이 엉엉 울기도 했다. 부동산 관련 책도 많이 읽었다. 어차피 내가 가야 할 길은 부동산밖에 없다는 것을 더 절실하게 알았기 때문이다. 실패가 준 교훈으로 다른 눈을 뜨게 된 것이다. 돈 문제로 허덕이다 보니 돈 없는 사람들의 마음도 헤아리게 되고 누가 나를 진실로 대하는지도 알게 되었다. 사실 나는 그때까지 돈이 없던 적이 별로 없다. 늘 부지런한 부모님 덕분에 어렸을 때도 궁핍하게 살지 않았고 결혼을 해서도 사업을 하는 남편 덕분에 어려움이 없었다. 그래서 그 시간이 더 힘들었는지도 모른다.

지나고 보니 그 시간을 통해 많은 것을 얻을 수 있었다. 특히 책을 읽은 것이 많은 도움이 되었다. 그중 자기계발서와 부동산 관련 책은 내가 다시 성공하는 데 결정적인 역할을 해 주었다.

다행히 부동산 중개 일로 경제사정이 차츰 회복되어 가며 제자리를 찾게 되었지만 그 후 몇 년이 지나 또 한 번 곤혹스러웠던 때가 있다. 수지의 아파트에 전세를 든 세입자가 갑자기 남편의 해외발령으로 이사를 가야 하니 전세금을 빼 달라고 했다. 자동갱신으로 2년을 넘게 살았던 세입자였다. 그러나 집값이 최고일 때 받았던 대출금 때문에 새로운 세입자를 구할 수 없었다. 세입자가 자동갱신 후 3개월 전에 통보를 하면 집 주인은 보증금을 내 주어야 한다. 하지만 갑자기 2억 원이라는 전세금을 달라고 하니 대출이 많아 세입자를 구할 수도 없었고 집값이 너무 내려 팔 수도 없었다. 할 수 없이 내가 가지고 있던 돈에 주위에서 융통한 돈을 합해 보증금을 주었는데 그 뒤 집값은 더 떨어지고 돈을 갚기로 한 기간이 되기도 전에 독촉을 받아 할 수 없이 헐값에 집을 팔았다.

힘든 시간을 보냈지만 그래도 나에게는 일이 있었다. 부동산 중개 일은 고객과도 하지만 중개인들과 더 많이 한다. 예전과는 다르게 지금은 공동중개를 하기 때문이다. 어떤 인간관계도 그렇지만 중개인들끼리도 서로 신뢰가 있어야 한다. 나는 약속을 잘 지키는 사람이다. 내가 한 약속은 손해 보는 일이 있더라도 꼭 지킨다. 어려움을 겪고 나니 신뢰가 얼마나 중요한지 다시 알게 되었다. 그래서 남들에게도 약속을 지키라고 요구한다. 또 성격상 남의 사생활에 관심이 없고, 중요하거나 개인적인 일들은 절대 다른 사람에게 말하지 않는다. 그래서 입이 무겁다고 생각하고 나에게 개인적인 상담을 하거나 의견을 물어보는 동료들이 많다.

부동산 일은 찾으면 찾을수록 생긴다. 그 전에도 일을 찾아서 했지만 금전적으로 힘들어지니 물불 가리지 않고 열심히 했다. 시간이 지나니 돈도 모였고 팔리지 않던 분양권도 팔렸다. 그렇게 빠르게 회복하면서 종잣돈을 모았다.

그렇게 몇 년을 수지에서 일하다 2동탄 신도시로 사무실을 옮겨 갔다. 그곳에서도 일은 쉴 사이가 없었다. 고객이 많아 밤 9~10시에 퇴근하는 날이 많았고, 상담에 전화에 지치도록 일했다. 혼자서 많은 고객들을 상대하니 집으로 돌아가서 침대에 누우면 땅으로 꺼지는 느낌까지 들 정도였다.

그렇게 많은 고객들이 다 상가주택을 산 것은 아니었다. 아마 1/10도 못 샀을 것이다. 오를 수밖에 없는 엄청 좋은 투자 물건이라고 아무리 여러 번 이야기하고 설득해도 '소귀에 경 읽기'였다. 전문가가 오른다고 이야기할 때는 근거가 있기 때문인데 전혀 듣지를 않았다. 하수의 특징은 자신감이 없고 불안해서 전문가의 말을 듣지 않는 것이다. 더 안타까운 경우는 계약했다가 해약하는 사람이다. 그래서 나는 고객들에게 부동산에 대해 공부하고 여러 곳에 임장도 다니라고 한다.

부자들은 어떻게 부자가 되었을까?

첫째, 부자로 태어났다. 하지만 나와 당신은 부자로 태어나지 못해서 여기에 해당하지 않는다. 둘째, 부자가 될 운명이라 자연스럽게 부자가 되었다. 이것도 우리는 아직 부자가 안 되었으니 해당하지 않는다. 셋째, 부자로 태어나지도 않았고 부자가 될 운명도 아니었지만 후천적으로 부자가 되었다. 이 방법이 나와 당신에게 딱 맞는다. 우리는 부동산 투자로 후천적 부자가 되어야 한다. 후천적 부자가 된 사람들은 생각보다 훨씬 많다. 그럼 어떻게 후천적 부자가 될 수 있을까?

그것은 의식의 변화에 있다. 이 세계에는 우리가 눈으로 볼 수 있는 것과 눈에 보이지 않는 것들이 분명 존재한다. 그런 증거는 얼마든지 있다. 나는 꿈이 잘 맞는 편이다. 고민하지도 않고 생각하지도 않은 일들을 꿈이 먼저 나에게 알려 준다. 아버지가 갑자기 돌아가시던 날도, 손해를 보게 되었을 때도, 돈을 많이 벌게 되었을 때도 꿈이 먼저 나에게 알려 주었다. 너무 신기하게도 말이다.

부자가 되고 싶다면 의식 확장을 하고 부자가 되겠다는 목표를 확실하게 정하라. 금액도 정하라. 그리고 부자가 되면 하고 싶은 일들을 머릿속에 크게 그려라. 그 그림대로 된다는 것을 믿어야 한다. 생생하게 꿈꾸어야 한다. 꿈꾸는 것에 따라 인생이 달라지기 때문이다. 부자들은 한결같이 의식을 확장시킨 사람들이다. 부자가 되기 위해서는 그들의 생각을 알아내고 그들을 따라 해야 한다. 그들을 배우고 그들의 노하우를 자기 것으로 만드는 학습과정이 성공의 길로 이끌어 준다.

부자들은 그들에게 주어진 24시간을 쪼개 쓴다. 돈은 언제든지 벌 수 있지만 시간은 지나가면 다시 찾을 수 없다. 부자가 되겠다는 목표를 가졌으면 그것을 위해 계획과 준비를 해야 한다. 성공은 자신이 이룩하는 것이다. 부자들의 경험을 내 것으로 만들어서 돈의 흐름을 알아야 한다. 돈의 흐름만 알아도 후천적 부자가 될 수 있다. 항상 긍정적인 마음과 감사의 마음이 필요하다. 부정적인 말은 하지 말고 부정적인 사람들과 만나지 마라. 부정적이고 우울한 기운은 빠르게 전파되기 때문이다. 자신감을 가져라. 그리고 제일 중요한 것은 실행하는 것이다.

내가 늦게 시작해도 성공할 수 있었던 3가지 비법은 '신뢰', '실행', '공부'다. 이렇게 할 수 있었던 것은 의식 확장으로 성공한 나를 머릿속에서 항상 보고 있기 때문이다. 젊었을 때 성공해서 은퇴 후까지 안정적이고 여유로운 삶을 살 수도 있지만 진정한 성공은 은퇴 후의 삶이 결정한다.

평범한 직장인에서
월세 받는 부자가 되라

우리 집은 아이들이 초등학교에 입학할 때까지 남편 혼자 버는 외벌이었다. 급여는 많았지만 저축은 꿈도 꾸지 못하고 매달 적자였다. 평범하게 사는 것처럼 보였지만 마음속에는 항상 뭔지 모를 짜증이 있었다.

내 조카 혜영이는 맞벌이를 하고 있다. 혜영이는 오랜 기간 호주에서 유학생활을 하다 돌아 왔고 혜영이 남편도 우리나라 최고 학부를 나와서 좋은 직장에 다녔다. 두 부부의 월급은 억대가 넘었다. 교통과 커뮤니티를 중시하는 그들은 동부이촌동에서 전세로 살았다. 맞벌이를 하다 보니 씀씀이도 만만치 않았다. 나는 속으로 '그렇게 비싼 곳에 뭐하러 전세로 살까' 생각하면서 집을 사라고 권했다. 그들 부부는 일본의 예를 보더라도 집값은 분명 떨어진다고 강한 어조로 이야기했다. 나는 일본과 한국은 조건이 다르다고 하면서 한국에서 살 거면 집을 빨리 사라고 이야기했지만 그들은 사지 않았다. 그러는 사이에 동부이촌동의 집값은 많이 올랐다.

어느 날 혜영이에게서 전화가 왔다.

"이모, 우리 집을 사야 할까 봐."

"왜? 일본처럼 집값 안 오른다며."

"내가 동부이촌동 커뮤니티에 가입해서 계속 보니까 동부이촌동은 위치가 좋아서 지금 사도 오를 것 같아."

"동부이촌동이 좋기는 해도 그곳만 오르는 것은 아니지만, 집을 살 생각이라면 빨리 사."

그래서 그들은 동부이촌동 현대아파트를 구입했다. 구입할 당시 금액은 5억 7,000만 원이었다. 그동안 모아 놓은 돈과 전세금에 약간의 대출금을 합해 집을 샀다. 오래된 아파트라 입주할 때 인테리어를 새로 하고 들어갔다.

그렇게 1년을 살다가 혜영이의 남편이 외국으로 발령을 받게 되었다. 혜영이는 직장을 그만두고 남편과 함께 외국으로 가기로 결정했지만 그곳에서는 외벌이로 살아야 하니 생활비 걱정을 했다. 나는 혜영이에게 동부이촌동 집을 월세로 놓고 그 돈으로 생활비를 충당하라고 했다. 조카 부부도 좋은 생각이라면서 아파트를 월세로 놓았다. 인테리어가 잘 되어 있고 깨끗하니 바로 보증금 3,000만 원에 월세 180만 원으로 계약이 되었다.

혜영이는 월세를 생활비로 쓰고 있다. 월급처럼 많지는 않지만 만족하는 것 같았다. 집을 사고 난 후 용산 호재로 집값도 많이 올랐다. 지금은 13억 원 정도라고 한다. 불과 2년 반 만의 일이다. 두 마리 토끼를 잡은 것이다. 미리 샀다면 더 큰 이득이 있었겠지만 늦었다고 생각할 때가 가장 빠르기 때문에 더 늦지 않도록 해야 한다. 동부이촌동 현대아파트는 위치는 좋지만 아파트가 낡았기 때문에 전·월세가 저렴했다. 만약 소형 아파트나 새 아파트였으면 훨씬 더 많이 받을 수 있었을 것이다.

직장인이 월급만으로 살기에 외벌이는 물론이고 맞벌이도 힘들다. 그러나 직장인들은 안정적으로 나오는 월급이 있어 부동산 투자하기에 좋다. 모아 놓은 돈이 있다면 종잣돈으로 사용하기에 더욱 좋다. 종잣돈 3,000만 원으로도 월세가 나오는 곳에 투자할 수 있다. 직장인이 처음 시작하는 투자는 연립주택도 좋고 오피스텔도 좋다. 월세를 받겠다고 확실하게 목표를 정해서 자신에게 맞는 수익형을 찾아야 한다. 생각은 누구나 하지만 실천하는 사람은 많지 않다. 그러니 가장 중요한 것은 실천하는 것이다.

부동산 중개 일을 하다 보면 부동산 투자에 관심이 많은 젊은 부부들을 자주 본다. 그들은 수시로 사무실에 와서 정보를 물어보고 시세도 파악한다. 토요일만 되면 모델하우스를 탐방한다. 그러나 거기까지만 하고 행동하지 않는 사람이 많다. 차에 앉아서 시동을 걸지 않고 목적지만 생각하는 것과 같다.

그런 고객 중에 정기영 씨가 있었다. 기영 씨 부부는 부동산에 관심이 많고 정보에 빨랐다. 외벌이인 기영 씨는 월급을 아끼고 아껴서 종잣돈 2,000만 원을 모았다. 나는 다른 도시의 연립주택을 권했다. 그런데 그는 연립주택에는 관심이 없고 이제 막 분양하는 광교 오피스텔 분양을 알아 봐 달라고 했다. 나는 광교 오피스텔은 입주가 몰려 있어서 초기에는 수익률이 나지 않고 입주 후 2년이 지나야 수익률이 날 것이라고 이야기했다. 그래도 기영 씨는 오피스텔을 분양받고 싶어 했다.

그때 마침 전철역 근방에 분양하는 오피스텔이 있었다. 매매 대금은 1억 5,000만 원이었다. 계약금 1,500만 원에 중도금은 무이자였다. 잔금은 전세나 월세로 그때 가서 치르기로 했다. 처음에는 일반사업자로 사업자등록증을 내면 건축 부분 부가가치세를 환급받을 수 있다. 그렇게 하면 실제 투자금은 700~800만 원이다. 그러나 일반사업자로 사업자등록증을 내면 세입자를 구하기 힘들어지기 때문에 나중에는 주택임대사업자로 바꾸었다.

그 후 입주 때 1억 2,000만 원에 전세를 놓고 500만 원 더 투자했다. 2년이 지난 지금 전세가는 1억 4,000만 원이 되었다. 원금을 거의 회수했으니 투자로는 손색이 없지만 그때 내가 권한 연립주택을 매입했다면 훨씬 많은 이익을 냈을 것이다. 하지만 광교 오피스텔도 투자로는 좋았다. 돌아오는 2년 후부터는 월세를 조금이라도 더 받게 될 것이다.

오피스텔 분양 후 4년이 지났을 무렵, 기영 씨는 또 2,000만 원의 종잣돈을 모았다고 했다. 전세금으로 오른 2,000만 원을 더해 총 4,000만 원의 종잣돈이 생겼다. 기영 씨는 그 돈으로 투자할 곳을 찾았다. 이번에는 내가 하라는 대로 하겠다고 했다. 나는 안중역 근처 농지를 소개했다. 1억 원 미만의 땅은 잘 나오지 않았는데 마침 소액 땅이 나왔다. 매매가는 6,000만 원이었지만 길이 없는 맹지로, 나중에 안중역이 생길 것을 대비하면 많이 오를 지역이었다. 모자라는 2,000만 원과 부대비용은 대출로 처리했다. 그동안 매도인이 벼농사를 지었는데 계속해서 짓고 싶어 했고 1년마다 쌀 1가마를 받기로 했다. 기영 씨는 땅을 사고 보니 기분이 좋고 부자가 된 것 같다고 했다. 살고 있는 아파트도 있고, 월세 나올 오피스텔도 있고, 값이 오를 땅도 있으니 밥을 안 먹어도 배가 부르단다.

평범한 직장인이 투자자가 되어 월세 받는 것은 어렵지 않다. 하지만 그렇게 실천하는 직장인은 많지 않다. 나는 내가 직장에 다닐 때를 생각해 보았다. 조직의 틀 안에서 생활하다 보니 투자를 생각할 시간도 없고 새로운 것에 도전할 의지가 약했던 것 같다. 부자가 되겠다는 절실함이 없었고 주변에 동기를 주는 사람도 없었다.

그러나 그때와 지금은 다르다. 월급만 가지고 살기에는 턱없이 부족하고 퇴직 후의 생활도 준비해야 하는 시대다. 월급만 가지고 산다면 예전의 내가 그랬듯 뭔지 모를 불안과 짜증이 생길 수밖에 없다. 월급 외에도 돈이 들어오는 시스템이 있어야 한다. 직장인들에게 부동산 투자는 선택이 아니고 필수다. 월세를 받는 직장인들의 만족도는 매우 높다. 그들은 생각만 하지 않고 행동으로 옮겨 부자가 되는 길로 들어섰다.

시작은 어렵지만 당신도 할 수 있다. 사고를 전환하면 할 수 있다. 실천하지 못하고 흘려버리는 실수를 범하지 않기를 바란다.

부동산 투자로
인생을 바꿀 수 있다

내가 부동산 중개 일만 해 왔다면 지금의 자리에 있지 못했을 것이다. 물론 직장인보다는 많이 벌었지만 중개 일만으로는 큰 목돈을 만지기 어렵다. 금융위기로 시련은 있었지만 그래도 부동산을 연구하고 공부해서 투자했기 때문에 지금의 자리에 있을 수 있었다.

나와 동갑인 최미희 씨는 부동산 중개 일을 하고 있다. 동갑에다 같은 일을 하다 보니 공감대가 많아 금방 친해졌다. 하지만 투자 방법에서는 벽이 느껴진다.

미희 씨는 딸 둘을 홀로 키우고 있다. 그래서 부담과 걱정이 많다. 무엇이든지 확실한 것을 좋아하는 성격의 미희 씨는 리스크가 있는 부동산 투자는 하지 않고 오직 중개 일만 해 왔다. 그 수

입으로 적금과 계를 들어 아이들과 생활하고 있지만 형편은 나아지지 않았다. 부동산 중개 일은 바쁠 때와 한가할 때가 곡선을 그리면서 움직인다. 조금만 한가해지면 미희 씨는 안달이다.

"큰일 났네. 이렇게 계속 조용하면 어떡하지? 아휴, 돈 쓸 일이 태산인데 손가락 빨게 생겼네."

그녀와는 반대로 나는 중개 일은 물론이고 여러 군데 투자하다 보니 다른 지역 중개 일도 같이 하게 된다. 그래서 늘 바쁘다. 겨우 한가해질 때면 차를 끌고 이곳저곳, 그동안 바빠서 못 가 본 곳도 가 보고 주변 부동산 중개사무소에 들러 이야기도 나눈다. 어디에 투자를 해야 하는지 미리 알아보고, 투자 성향이 다른 다양한 고객들의 투자처도 파악해 두어야 하기 때문이다. 그러면 미희 씨는 걱정스러운 말투로 "자기는 금융위기 때 그렇게 힘들어 해 놓고 또 투자를 해? IMF 때도 망한 사람이 얼마나 많은데."라고 말한다.

1997년, 우리나라에 IMF라는 위기가 찾아 왔다. 하루아침에 부동산 가격은 폭락하고 공장과 회사는 문을 닫아 실업자와 노숙자가 기하급수적으로 늘어난 암흑의 시기였다. 나라는 혼란에 빠졌다.

그리고 2008년 또 한 번의 위기가 왔다. 국제 금융위기라고도 하는 미국의 리먼 사태다. 미국 은행 리먼 브라더스의 부도 여파가 우리나라까지 온 것이다. 이후 우리나라 부동산은 세계정세와 경제에 민감하게 되었고 부동산 투자자들은 세계경제까지 꼼꼼하게 공부해야 했다. 나도 아침에 일어나면 제일 먼저 미국 주식을 살핀다. 우리나라 부동산에 영향을 줄 수도 있기 때문이다. 지금은 미국 주식 외에도 세계 곳곳에서 일어난 일이 우리나라 부동산에 바로 영향을 줄 때가 있다. 점점 공부할 것이 많아진다.

"자기야, IMF랑 금융위기 지나간 지가 언젠데 위기 한 번 왔다고 투자를 안 해? 그 위기를 본보기로 두 번 다시 실수를 안 해야지. 투자를 안 하면 자기나 나나 어떻게 부자가 되겠어?"

"부자는 무슨 부자? 그냥 먹고사는 거지. 아휴, 난 욕심 없어. 그저 아이들 공부나 시키고 나 먹고살면 돼."

미희 씨와 나는 이렇게 서로에게 동의할 수 없는 말만 한다. 나는 이제 미희 씨를 설득하지 않는다. 스스로 부자가 되기를 거부하고 있기 때문에 그녀는 부자가 될 수 없다. 중개 수수료만 벌면서 한 달 생활비를 걱정하고 빠듯하게 살 것이다. 그마저도 젊고 능력 있는 경쟁자가 생긴다면 힘들어진다.

금융위기라는 암흑기를 지나 나는 결사적으로 부동산 중개 일을 다시 시작했다. 나는 매일 아침 일어나자마자 기도한다. 기도 내용은 항상 같다.

"저에게 능력을 주시니 감사합니다. 오늘 ○○ 계약 건이 있습니다. 계약을 성공적으로 할 수 있게 도와주시니 감사합니다. 크게 쓰임 받는 딸로 세워 주시니 감사합니다."

기도를 마치고 출근하면 자리에 앉자마자 컴퓨터도 켜기 전에 또 기도한다.

"이곳에서 큰돈을 벌게 해 주시니 감사합니다. 우리 사무실에 오는 고객들에게 큰돈을 벌게 해 주시니 감사합니다."

성공한 부동산 부자들의 책을 읽다가 발견한 그들의 공통점은 매일 기도를 한다는 것이다. 각자 자신이 믿는 신에게 기도하고, 신을 믿지 않는 사람은 자신에게 기도를 한다. '나는 잘될 것이다', '나는 성공할 것이다'라면서 주문을 외워 성공한 자신을 매일 보는 것이다.

종잣돈을 모으면서 나는 다시 투자를 했다. 그러나 그 방법은 예전과 달랐다. 전에는 거의 분양권 투자였다. 분양권으로 많은 돈을 벌었기 때문에 굳이 다른 것에 눈을 돌릴 필요도 없었다. 지금도 분양권 투자는 하지만 예전처럼은 하지 않는다. 지금은 분산 투자와 수익형 투자를 한다. 위기를 겪으면서 투자의 정석이 생겼다.

부동산 투자자가 실패 없이 성공만 했다고 한다면, 그것은 진실이 아니라고 생각한다. 실패 없는 부동산 투자는 없다. 대신 리스크를 최대한 줄여야 한다. 단기간 고수익이 난다고 하면 더 철저히 조사해야 한다. 지금은 예전처럼 단기간에 고수익을 내기란 쉽지 않다. 그렇기 때문에 수익형 부동산을 선호하는 것이다.

예를 들어 땅만 해도 예전처럼 단기간에 수익을 내고자 하면 땅을 싸게 사서 개발한다. 못난이 땅도 예쁘게 화장하고, 몸집도 날씬하게 작게 잘라서 팔기도 하는 것이다. 많은 수익이 예상된다면 그만큼 리스크도 따른다고 봐야 한다. 투자 목록을 큰 종이에 그려 보고 투자 종목이 한쪽으로 치우치지는 않았는지, 투자 기간이 단기적인 것만 있지 않은지, 오로지 차익형에만 있는 것은 아닌지 한 번쯤 체크할 필요가 있다.

부동산 투자는 내 인생을 바꾸었다. 나는 힘들었지만 결코 포기하지 않았다. 부동산 투자에 성공하리라는 확신이 있었다. 지금도 더 큰사람이 될 것을 믿어 의심치 않는다. 우리나라 부자의 80%는 자수성가한 사람들이다. 그들이 어떻게 돈을 벌었는지 배워서 따라 해야 부자가 될 수 있다. 인생을 바꾸고 싶다면 부동산 투자를 공부하라.

현명한 투자로
여유 있게 살아라

여유 있게 살고 싶다는 소망은 누구나 가지고 있다. 하지만 막상 어떻게 해야 하는지에 대한 고민을 진지하게 해 보지는 않는다. 그저 '내일은 좀 나아지겠지'라는 막연한 기대만 품고 있을 뿐이다. 아무것도 하지 않으면서 장밋빛 미래를 기대한다는 것은 어불성설이다. 여유 있게 살기 위해 무엇인가를 해야 한다. 그러기 위해서는 매 순간 어려운 결정을 내려야 할 때도 있다. 인생은 나의 선택에 의해서 바뀌기 때문이다.

나와 명희 언니는 참 묘한 인연이 있다. 나는 캐나다에 살 때 한인교회를 다녔다. 작은 규모의 교회라 가족 같은 분위기였다. 교인들 대부분은 유학생 엄마들이었다. 어느 날, 한 유학생 엄마가 우리 교회에 새로 왔다. 명희 언니였다. 언니와는 구역이 달라

일요일에만 잠깐 만나는 사이였지만 왠지 호감이 갔다. 타국에서 처음 만나 대화를 나눌 때, 대부분 처음에는 한국에서 어디에 살았는지 묻는다. 나도 명희 언니에게 어디서 왔는지 물었다. 그런데 언니가 수지에 살았었다고 하는 게 아닌가. 그때 유학생과 그 엄마들은 거의 강남 출신이었다. 수지에서 왔다고 하니 엄청 반가웠다. 게다가 알고 보니 같은 아파트였다. 그뿐만이 아니라 알면 알수록 언니와 많은 공통점이 있었다. 참으로 묘한 인연이었다. 나는 명희 언니와 매일 만나서 많은 이야기를 나눴다.

그런데 어느 날, 명희 언니가 쓰러져 구급차를 타고 병원에 갔다는 것이 아닌가. 나는 깜짝 놀란 한편 걱정스러웠다. 외국인 신분으로 구급차를 타고 병원에 가는 것은 상상 이상으로 비용이 많이 든다. 그때 명희 언니의 아들은 초등학교 4학년이었다. 명희 언니는 어린 아들만 있는 타국에서 또 쓰러질까 봐 두려움에 가득 차 있었다. 나는 아픈 언니를 대신해 언니의 아들을 우리 차로 등하교시켜 주었다. 언니는 한 번 쓰러지고 나니 두려움이 생겨 혼자 있는 것을 무서워했다. 나는 그런 언니를 이해하고 저녁 늦게까지 함께 있어 주었다. 우리 아이들도 챙겨야 했지만 잠을 못 자는 언니를 차에 태우고 웨스트밴쿠버의 언덕을 밤늦게까지 돌아다녔다. 언니는 내가 자신의 생명의 은인이라고 하면서 고마워했다.

명희 언니는 한국에 있을 당시, 한때 어려움을 겪었지만 상황이 좋아졌고 부동산 투자를 하게 되었다고 했다. 그러다가 남양

주에 땅을 사게 되었고 그 땅에 상가를 지었다. 상가를 지을 때만 해도 유동인구가 그렇게 많지는 않았지만 지금은 아주 번화한 거리가 되었다. 1층에는 프랜차이즈 빵집이 있고 편의점과 각종 프랜차이즈가 들어왔다. 상가에서 월세가 3,500만 원 나오고 땅값은 살 때보다 2배 이상 올랐다고 한다. 월세의 수익과 땅값 상승의 자본 수익이 동시에 생긴 것이다. 그렇게 두 마리 토끼를 잡은 명희 언니는 캐나다에 고급주택을 얻어 아이의 유학을 오게 된 것이다. 그때의 인연으로 우리는 지금까지 가족처럼 지내고 있다. 서로가 진심으로 위해 주고 귀하게 여기는 관계가 되었다.

명희 언니는 그 상가 덕분에 여유로운 생활을 하면서 지내고 있다. 그때 언니가 그 땅을 안 사고 다른 곳에 투자했다면 지금처럼 한가롭고 여유 있는 생활을 하지는 못했을 것이다. 물론 자산은 늘었을지 몰라도 삶의 질은 많이 떨어졌을 것이다. 언니도 그 땅을 사서 상가를 지은 것이 자신이 제일 잘한 일이라고 한다.

우리나라의 부동산 투자는 점점 이러한 수익형으로 갈 것이다. 나는 우리 사무실에 오는 고객들에게 땅을 사서 상가를 지으라고 많이 권한다. 그런데 땅을 사서 상가를 짓는 사람보다 일반 상가 코너 자리를 찾는 사람이 더 많다.

어느 추운 겨울, 젊고 멋진 여자가 상가를 사고 싶다고 우리 사무실에 왔다. 나는 그녀, 송민정 씨에게 자금을 물어 보았다.

"얼마에 사시려구요?"

"20억 원 있어요."

나는 살짝 놀랐다. 나는 그녀를 이리저리 파악하기 시작했다. 정말 상가를 살 사람인지, 아니면 그저 알아만 보려고 부동산에 왔는지 말이다. 민정 씨의 저돌적인 말투는 나를 약간 긴장시켰다. 보통 자금이 얼마냐고 물어보면 쭈뼛하면서 "돈은 많지 않아요."라든지 "돈은 상관하지 말고 좋은 물건 주세요."라고 하는 사람이 대부분인데 그녀는 정확하게 액수를 말했다.

내가 파악한 민정 씨는 '20억 원이 있고 상가를 살 사람'이었다. 나는 사겠다고 작정하고 오는 고객은 절대 놓치지 않는다. 나는 민정 씨에게 물건을 소개하기 전에 나를 먼저 소개했다. 나의 능력을 먼저 알고 신뢰가 있어야 물건을 의심하지 않고 제대로 볼 수 있다. 그렇게 나를 알려 주고 나면 이번에는 내가 고객을 알아야 한다. 왜 많은 부동산 상품 중 상가를 택했는지, 다른 부동산 상품은 어떻게 생각하는지 등 고객의 생각을 알아야 한다. 상가를 택한 이유가 있다면 상가를 소개해 주지만 그렇지 않다면 다른 상품을 선택할 기회도 주어야 한다.

나는 민정 씨가 상가를 사기에는 아직 젊다고 생각했다. 은퇴자나 투자 금액이 적다면 상가를 사도 좋다. 하지만 아직 젊고 충분한 금액이 있으니 여러 가지 부동산 투자처를 이야기해 주고 싶었다. 그녀의 군더더기 없고 솔직담백한 성격이 마음에 들었다. 나도 솔직담백하게 이야기했다.

"20억 원을 가지고 땅을 사서 상가를 지으면 월세도 나오고 시간이 지나면 땅값도 오릅니다. 땅값이 많이 오를 지역을 소개해 줄 테니 나를 믿고 땅을 사서 상가를 지으세요. 투자로서 더 큰 수익을 냅니다."

"상가 지으면 머리 아플 텐데요. 난 머리 아픈 건 질색이에요."

"내가 소개하는 건축업자는 골치 아프게 할 사람도 아니고 무리한 요구를 할 사람도 아니니 한번 만나 보세요."

나는 즉시 건축업자에게 우리 사무실로 오라고 했다. 건축업자가 오고 자세한 내용을 설명하니 그도 땅을 사서 상가를 짓는 것이 훨씬 좋을 것이라고 했다. 땅만 좋은 곳을 산다면 상가는 다 짓고 대출을 받을 때까지 기다려 준다고 했다. 민정 씨는 이야기를 다 듣더니 생각해 보고 연락을 준다며 사무실을 떠났다. 그렇게 가 버리니 나는 내가 잘못 판단한 것은 아닌지 머릿속이 복잡해졌다.

그런데 다음날 민정 씨에게서 "땅을 알아봐 주세요."라는 문자가 왔다. 나는 그날부터 상가 지을 땅을 샅샅이 뒤졌다. 여러 곳이 나왔는데 그중 내 눈길을 끄는 것은 대지 300평의 길 옆 땅이었다. 그 옆으로는 국유지도 있어 상가를 짓고 나면 주차장으로 써도 좋았다. 지금은 유동인구가 적으나 몇 년 안에 반드시 좋아질 땅이었다. 골프장 들어가는 입구에 있는 땅이어서 고깃집을 하면 좋을 것 같았다. 주변에 있는 고깃집을 가 보니 손님이 많았다. 민정 씨는 나의 설명을 듣고 위치와 주변 상권 그리고 고깃집을 보더니 그 땅을 사겠다고 결정했다. 맺고 끊는 것이 정확했다. 그렇게 땅을 계약하고 일사천리로 설계를 해서 허가를 받았다.

잔금을 치른 후 건물을 짓기 시작하고 얼마 안 있어 부동산 중개사무소에서 전화가 왔다. 그 위치를 마음에 들어 하는 임차인이 있는데 준공되기 전에 계약을 하고 싶다는 것이다. 업종은 고깃집이라고 했다. 나의 예상이 맞았다. 3층에 주차장까지 넓은 건물은 너무 멋있었다. 시간은 끌었지만 무사히 완공을 하고 고깃집에 세를 주었다. 월세는 처음 1년만 800만 원으로 하고 그 후에 다시 올리기로 했다. 건물 완공도 되기 전에 임차인이 들어와서 마음 편히 진행할 수 있었다.

나와 코드가 잘 맞는 고객을 만나다 보면 고객과 부동산 중개인이 아닌 언니와 동생 같은 사이가 된다. 명희 언니뿐만 아니라 민정 씨와도 인연이 되어 지금까지도 만남을 이어 오고 있다. 서로 집안일도 의논하고 자금 사정 또한 나누어 다음에 투자할 곳도 알려 주는 등 끈끈한 사이가 되었다. 이렇게 신뢰가 쌓이면 일하기도 편해진다. 월세가 많이 나와 편안하게 사는 명희 언니도 잘된 투자이고, 젊어서부터 월세를 받는 민정 씨도 잘된 투자다. 월세로 여유롭게 사는 것은 물론이고 계속해서 땅값도 많이 오를 것이다. 나도 상가주택에서 생활하고 있지만 어쩌면 내 주위에 부자들이 있었기 때문에 나의 투자도 그들을 닮아 가지 않았을까, 하는 생각이 든다. 현명하고 지혜롭게 부동산 투자를 한다면 분명 여유로운 생활을 할 수 있게 된다. 월세는 월세대로, 땅값은 땅값대로 오르는 일석이조의 투자다.

분명 부동산 투자로 후천적 부자가 될 수 있다. 다른 사람들도 다 하는데 왜 나만 못 하겠는가? 부자가 된 사람들을 자세히 보라. 그들은 운만 믿고 있다가 부자가 되지 않았다. 부자가 되려고, 혹은 더 잘해 보려고 열심히 무엇인가를 했다. 머리를 쓰고 연구하고 몸으로 알아보러 다녔다. 후천적 부자가 되기 위해서는 무엇이든 해야 한다. 이 책을 보는 당신도 부동산 투자로 후천적 부자가 되라!

나는 부동산 투자가 가장 쉽다

초판 1쇄 인쇄 2018년 3월 28일
초판 1쇄 발행 2018년 4월 4일

지은이 **이지연**
펴낸이 **권동희**
펴낸곳 **위닝북스**
기 획 **김태광**
책임편집 **김진주**
디자인 **이선영 김하늘**
마케팅 **허동욱**

출판등록 제312-2012-000040호
주　　소 경기도 성남시 분당구 수내동 16-5 오너스타워 407호
전　　화 070-4024-7286
이 메 일 no1_winningbooks@naver.com
홈페이지 www.wbooks.co.kr

ⓒ위닝북스(저자와 맺은 특약에 따라 검인을 생략합니다)
ISBN 979-11-88610-41-9 (13320)

이 도서의 국립중앙도서관 출판도서목록(CIP)은 서지정보유통지원시스템 홈페이지(http://seoji.nl.go.kr)와 국가자료공동목록시스템(http://www.nl.go.kr/kolisnet)에서 이용하실 수 있습니다.(CIP제어번호: CIP2018008470)

이 책은 저작권법에 따라 보호받는 저작물이므로 무단전재와 무단복제를 금지하며, 이 책 내용의 전부 또는 일부를 이용하려면 반드시 저작권자와 위닝북스의 서면동의를 받아야 합니다.

위닝북스는 독자 여러분의 책에 관한 아이디어와 원고 투고를 설레는 마음으로 기다리고 있습니다. 책으로 엮기를 원하는 아이디어가 있으신 분은 이메일 no1_winningbooks@naver.com으로 간단한 개요와 취지, 연락처 등을 보내주세요. 망설이지 말고 문을 두드리세요. 꿈이 이루어집니다.

※ 책값은 뒤표지에 있습니다.
※ 잘못 만들어진 책은 구입하신 서점에서 교환해 드립니다.